Ana Blandiana

In einer spanischen Herberge

Ana Blandiana

In einer spanischen Herberge

Essays

Herausgegeben von Katharina Kilzer

mit Beiträgen von Maria Herlo und
Helmut Müller-Enbergs

EDITION
Noack & Block

Zum Titel des Buches:
Der Titel ist angelehnt an die Redensart „Wie eine spanische Herberge“ – „Asemenea unui han espaniol“, „Comme une auberge espagnole“ – bekannt im romanischen wie im niederländischen Sprachraum. Als Synonym für menschliche Existenz will die Redensart ausdrücken: Jeder empfindet anders. Es gibt keine alleinige Wahrheit. Ana Blandiana verwendet diese Redewendung als Metapher des Lebens. Mit dem Bild einer „spanischen Herberge“ ist ein Ort gemeint, an dem sich Menschen verschiedener Herkunft treffen, jedoch jeder verzehrt, was er sich mitbringt. Der Ausdruck beruht auf dem Ruf der spanischen Herbergen im 18. Jahrhundert, Reisenden lediglich ein Bett, aber keine oder nur eine schlechte Versorgung anzubieten.

Abbildung auf der Vorderseite des Umschlags:
Ausschnitt aus einer alten Postkarte von Sighet um 1922
Abbildung auf der Rückseite des Umschlags:
Ana Blandiana © artista/tango
Text auf der Rückseite des Umschlags:
„Ana Blandiana 70“, F.A.Z. vom 24. März 2012, Politik, Seite 6

Die Publikation wurde durch die FAZIT-Stiftung
Gemeinnützige Verlagsgesellschaft mbH gefördert.

ISBN 978-3-86813-010-2

Druck: KN Digital Printforce GmbH, Stuttgart.

www.noack-block.de

Inhaltsverzeichnis

Vorwort

„Unser Jahrhundert ist ein vergangenes Jahrhundert, unsere eigene Geschichte sind wir, welch seltsames Gefühl des abgeschlossenen Geschicks, indessen wir fortfahren zu sein."[1]

Der Schriftsteller ist lediglich der Zeuge der Welt, durch die er schreitet, schreibt Ana Blandiana in „Die Angst vor der Literatur"[2]. Wäre die Welt von Schriftstellern geschaffen worden, so sähe sie völlig anders aus. Ein Gedicht ist für Ana ein logischer Vorgang von Wort zu Wort, von Stein zu Stein, eine Kreation auf solidem Untergrund, bis zu einem bestimmten Moment, in dem sich der Sinn plötzlich erschließt. Ana bevorzugt die Fragestellung, deren Antwort - allein - das Gedichteschreiben gibt.[3]

Es ergeben sich jedoch Momente, in denen das Dichten ihr nicht mehr zusagt, da das Ausbleiben des lyrisch Konkreten und die Regeln des Erhabenen sie stören. In solchen Momenten begehrt sie, ein größeres Konstrukt zu schaffen, das endgültig und wahrhaftig sei, ein Prosakonstrukt. Beim Schreiben jedoch stellt sie erstaunt fest, dass größer und komplett nicht auch schon absolut ist. Dann sehnt sie sich zurück zur Poesie, die sie, wie es ihr scheint, aus Feigheit degradieren wollte. Die gestellten Fragen bleiben offen. Ana flüchtet. Wie ihre Protagonisten, die auch stets auf der Flucht sind. Sie flüchten aus ihren Wohnungen, irren in der Stadt herum

1 „Unser Jahrhundert", aus: „Die Versteigerung der Ideen", aus dem Rumänischen von Hans Bergel, Johannis Reeg Verlag, Bamberg 2009, S. 98.

2 „Im Zeugenstand" (Calitatea de martor), Biblioteca şcolarului Bucureşti, ed. II., Litera International Bucureşti, 2004, S. 247 (Übersetzung der Herausgeberin).

3 Ebenda, S. 247 ff.

oder flüchten aufs Land; oder suchen ihr Seelenheil in phantastischen Erscheinungen: wenn aus Hühnereiern auf dem Stadtbalkon Engelchen schlüpfen, wenn inmitten einer verlassenen Steppe unzählige Schafe aus dem Nichts auftauchen, wenn auf dem Dorfacker eine Schar Greise die junge Frau krallt oder wenn in der Irrenanstalt Dichterlesungen stattfinden und die verriegelten Fenster den Weg absperren. Alles ins Absurde zielende Phantastik.

Erlebtes und Gesehenes aufzuschreiben ist für Ana Blandiana ein zweites Erleben. Wie in ihrer Lyrik greift sie dabei gern auf das nachweislich Bewährte zurück. Sie spickt ihre Essays lässig mit Zitaten aus Platon, Petrarca, Goethe, Hölderlin, Rilke, Tolstoi, Dostojewski, Erasmus, Shakespeare oder Dante. Diese bilden die Denkmuster, die inneren Achsen ihrer Texte. Sie blickt mit ihnen auf die Welt und deren Zusammenhalt. Nicht pathetisch, sondern distanziert, jedoch lautstark und klangvoll sind ihre Gedichte, ausschweifend phantastisch ihre Prosa und knapp, aber tiefschürfend ihre Essays.

Sie ist eine unermüdlich schreibende Wegelagerin, für die, wie einst Solschenizyn sagte, es das größte Unglück wäre, wenn sie einmal kein Blatt Papier und keinen Bleistift mehr hätte. Solschenizyn hat seinen „Archipel GuLag“ im Gefängnis niedergeschrieben. Ana Blandiana schreibt in ihrer Stadtwohnung, auf dem Land, auf Bus- und Bahnreisen. Sie notiert Beobachtungen während einer Amerikatour sogleich im Greyhound, sie schreibt in Cafés und Bibliotheken. Den Roman „Die Applausmaschine“ verfasste sie in der Donautiefebene, während sich die rumänischen Geheimdienstspitzel um ihr Haus herumtrieben. Ihre erlebten und erzählten Geschichten „Auf dem Lande“, „Die Theaterlektion“, „Entwürfe der Vergangenheit“ und „Kopie eines Alptraums“ brachte sie in ihrer Bukarester Wohnung zu Papier, als Wanzen und Securitateleute sie auch dort beäugten. Und sie schreibt Essays zwischen zwei Reisen an fremden Schreibtischen – handschriftlich. So verfasste sie ebenfalls zwischen zwei Reisen auf meinem Schreibtisch ihren Essay „In einer spanischen Herberge – Über Bücher und Geheimdienste".

Kindlich zu bleiben und die Welt auch in erwachsenen Jahren mit Kinderaugen zu sehen, half ihr über viel Unrecht hinweg. Das Kinderbuch über den Kater „Steckzwiebel", das 1988 zum dritten Schreibverbot führte, begann sie zu schreiben, als eines Tages in ihrem Landhaus in der Nähe des Donauufers ein junger Kater im Gemüsegarten die Steckzwiebeln auszugraben begann. Das animierte sie – lachend ob so viel Dreistigkeit – zu einer Geschichte mit dem Kater „Arpagic" (Steckzwiebel). Er wurde zum Symbol ihrer Widerspenstigkeit, die sie sich stets beim Schreiben bewahrt hat.

Unermüdlich verfasst Ana neben Gedichten immer auch Prosastücke. Von 1968 bis 1973 veröffentlicht sie in der Wochenzeitung „Contemporanul" (Die Zeit) Glossen, genannt Anti-Tagebuch, und Korrespondenzen. Von 1974 bis 1988 erscheinen in der Bukarester Literaturzeitung „România literară" (Literarisches Rumänien) wöchentlich Beiträge in der Rubrik „Atlas". „Ich schreibe, du schreibst, sie schreibt" (Eu scriu, tu scrii, ea scrie), ihr erstes Essay-Buch wird 1976 im Bukarester Verlag Cartea Românească publiziert. Ein Jahr später, 1977, erscheint der Band phantastische Prosa „Die vier Jahreszeiten" (Cele patru anotimpuri) bei Albatros, Bukarest, von der Zensur als Publikation mit „antisozialen Tendenzen" deklariert. 1978 veröffentlicht sie ein Reisetagebuch „Die schönste aller Welten" (Cea mai frumoasa dintre lumile posibile) bei Cartea Românească. Der Band phantastischer Novellen „Entwürfe der Vergangenheit" (Proiecte de trecut) geht 1982, als sie in Wien den Herder-Preis entgegennimmt, in Druck. Einige der Novellen werden von Veronika Riedel ins Deutsche übersetzt und erscheinen als „Kopie eines Alptraums" 1988, ein Jahr vor dem Umsturz, im Ostberliner Verlag Volk und Welt. Im Steidl-Verlag, Göttingen, erscheint der Band erweitert und ergänzt mit weiteren Erzählungen in zwei Auflagen 1990 und 1993 sowie 1996 als Fischer-Taschenbuch-Ausgabe.

Die Sammlung kritischer Texte und Essays „Die Sandstunde“ (Ora de nisip) und „Spiegelkorridore“ (Coridoare de oglinzi) sowie das Anti-Tagebuch „Autoporträt mit Palimpsest“ (Autoportret cu Palimpsest) werden in den Jahren 1983, 1984 und 1986 im Eminescu- und Cartea-Românească-Verlag, Bukarest, verlegt. 1987 folgen die Reiseaufzeichnungen „Die Silbenstädte“ (Orase de silabe) bei Sport-Turism, Bukarest. Es ist das Jahr, in dem ihr zum dritten Mal ein Veröffentlichungsverbot auferlegt wird. Ihr in dieser Zeit verfasster Roman („Sertarul cu aplauze“ – die Applausschublade) wird erst nach der Wende, 1992 im Verlag Tinerama, Bukarest, veröffentlicht. Die deutsche, gekürzte Fassung folgt als „Die Applausmaschine“ 1993 im Göttinger Steidl-Verlag, übersetzt von Ernest Wichner. Feuilletonglossen und Kommentare für „România Liberă“ schrieb sie von 1996 bis 2001.

Die Essay-Auswahl dieses Bandes versammelt Texte, die nach der Wende in der „Frankfurter Allgemeine Zeitung“, der „Frankfurter Rundschau“, der Wiener Zeitung „Die Presse“ und in „Aus Politik und Zeitgeschichte“ (APuZ) der Bundeszentrale für politische Bildung erschienen sind. Weitere Texte, vornehmlich Neuübersetzungen, wurden hinzugefügt sowie ein Auszug aus einem Gespräch Ana Blandianas mit Dr. Joachim Gauck anlässlich einer Ausstellungseröffnung in Frankfurt am Main am 3. Dezember 1999. Dieser Jubiläumsband zu ihrem 70. Geburtstag soll die Vielseitigkeit der Schriftstellerin dokumentieren. Ich habe allen Anlass, den beiden Mitautoren Maria Herlo, Publizistin aus Heidelberg, und Dr. Helmut Müller-Enbergs, Historiker und langjähriger Teilnehmer der Sighet-Sommerschule, für ihre Beiträge zu danken. Den Band eröffnen „Fragmente“ über die Dichterin und beschließen „Fragmente der Freiheit“. Ausgehend vom persönlichen Ich schlägt Ana Blandiana den Bogen zu großen Fragen der Menschenrechte, Freiheit und Gerechtigkeit. So rundet sich ihr Kosmos.

Katharina Kilzer

ERSTER TEIL

Fragmente über mich selbst

Otilia war der Name meiner Mutter, Valeria der Name der Mutter meiner Mutter, die vor meiner Geburt starb. Beide sind lateinische Namen, die in einem rumänischen Dorf am Fuße der Apuseni-Berge, Blandiana, verliehen wurden zu einer Zeit, als die Bauern sich gegen die Magyarisierung der Namen durch die Behörden wehrten. Sie wählten Namen, die nicht übersetzbar waren. Diese beiden Namen wurden mir vererbt als eine Verbindung zwischen den Generationen. Es sind meine einzigen offiziellen Namen in meinem Reisepass. Leider verwendete ich sie jedoch nie.

Doina und Ana nannte ich mich selbst: Doina war der Name, den ich mir gab, als ich klein war, bis mich alle später auch Doina nannten (heute ist dies mein Rufname für die Familie und die Freunde); Ana jedoch entstand aus der Notwendigkeit der Camouflage, wie ein Versuch des Überlebens zu einer Zeit, als mein Vater im Gefängnis saß und ich mit meinem wirklichen Namen folglich keine Chance hatte zu publizieren. So entstand das Pseudonym, bei dem Ana der Reim auf Blandiana ist. Seitdem dieser Name sich zu meinem echten Namen entwickelte, gehört er nicht mehr nur zu meiner Lebensgeschichte, sondern auch zu der Literaturgeschichte.

Während meines gesamten Lebens hatte ich immer nur einen Wunsch: allein zu sein. Ich entsinne mich keiner anderen Sache, die ich in meinem Leben mit so viel Mühe und so schlechten Ergebnissen erreicht habe. Sehr früh erkannte ich den Unterschied zwischen Alleinsein und Alleingelassensein. Da ich nicht alleingelassen wurde, kämpfte ich darum, allein zu bleiben. Ich verstehe sehr gut die Bemerkung Dostojewskis, der im „Haus der Toten", die Unmöglichkeit für einen Moment allein zu sein, im Lauf einiger Jahre und Jahrzehnte als die schwerste aller Torturen der Deportation empfand. Die Einsamkeit ist die Voraussetzung für die Meditation und das Nachdenken und kann dadurch zu einer Waffe und einer Gefahr werden für jene, die versuchen, dich zu beherrschen, da sie statt deiner denken. Diese selbst gewählte und freiwillige Einsamkeit ist wesentlich verschieden von der Einsamkeit inmitten der modernen Welt, welche ihrerseits Entfremdung nicht nur von anderen, sondern auch vor dir selbst, bedeutet.

Erasmus' Satz „Lass dich nicht ausnutzen" war mir tatsächlich sehr früh ein Warnzeichen und ein Mittel der Abwehr gegenüber einer universellen Manipulation sowie des Kompromisses, der lediglich eine Form der Manipulation der eigenen Wahrheit und der eigenen Berufung ist. Die Sorge, nicht benutzt zu werden, die Obsession der Wachsamkeit gegen die Manipulation, die ich gegebenenfalls nicht bemerken könnte, verfolgte mich bereits in der Jugend. Das scheint mir natürlich so in einer Welt, in der die Fälschung und der Verrat der Wahrheit kontinuierlich drohten.

Ich lebte nie an der Grenze zwischen Politik und Literatur, sondern an der Grenze zwischen Lebenseinmischung und Abstraktion der eigenen Lebenswelt. Die Politik in ihrer gegenwärtigen Form eines Kampfes für die Macht unter Personen oder Personen- und Interessengruppen interessiert und interessierte mich nie wirklich. Das Gebiet, von dem ich spreche, ist viel dramatischer, es handelt sich um eine Linie zwischen dem schmerzhaften Opfer auf dem Altar der Anderen und dem glücklichen Opfer auf deinem eigenen Altar. Leider gibt es keine reine Kunst. Wie rein war Shakespeare? Und Dante?

Die unsichtbare Freiheit

Die Freiheit als Glück ist nur in richtungsorientierter Form der Befreiung möglich. Man kann sich nur dann frei fühlen, wenn man sich von etwas befreit oder wenn man in seiner Freiheit von Verboten oder Einschränkungen bedroht ist. Sie, die Freiheit, wird erst in dem Maße Wirklichkeit, in dem sie von ihrer Verneinung eingeschränkt oder ihr innewohnenden Werten abhängig wird. Solange ihr niemand widerspricht und sie nicht von ihren eigenen Auswüchsen infrage gestellt wird, ist sie unsichtbar, unbeachtet, wir bemerken sie erst in dem Augenblick, in dem wir sie verlieren, sie existiert in verklärt nostalgischen Erinnerungen oder in unseren Zukunftsträumen. Genau wie der unsichtbare Mann bei Orson Wells, der nur angezogen sichtbar wurde, weil die Kleider, die ihn umhüllten, gesehen werden konnten, ist auch die Freiheit an sich nur etwas Leeres – manchmal erschreckend wie ein schwarzes Loch –, dessen Eigenschaften abhängig sind von dem, der es füllt. Sie, die Freiheit, ist nicht gut und nicht böse, ist nicht gefährlich und nicht wohlwollend, ihre Eigenschaften hängen immer von dem ab, was man hineintut.

Die Hülle kann mit guten oder kriminellen Absichten gefüllt werden, jedoch ohne diesen leeren Raum könnten kein menschliches Handeln, keine der großen Ideen, Gefühle ihren Platz finden. Deshalb kämpften die Menschen von jeher schon für die Freiheit, ohne die das Gute nicht möglich gewesen wäre, auch wenn die Menschen in fataler Weise das Risiko eingingen, sich gleichzeitig jegliches Böse mitgeliefert zu haben. Eigentlich ist die Geschichte der Menschheit nichts anderes als das ständige Bemühen, das Gute vom Bösen zu trennen, Herrscher wurden beurteilt nach der Art und Weise, wie sie die ihnen zur Verfügung gestellte Freiheit für sich genutzt oder anderen zur Verfügung gestellt haben. Nicht einmal Gott gab sich nach der Erschaffung der Welt, die er perfekt glaubte, zufrieden. Er fühlte die Notwendigkeit, sie auf die Probe zu stellen, um zu sehen, wie sie reagiert. Der Baum des Guten und des Bösen ist im Grunde nichts anderes als der Baum der Wahlfreiheit, einer Freiheit, die sich gleichermaßen als kreativ und zerstörend erwies.

Trotz der Rolle, die die Frauenfeindlichen Eva zugedacht haben (zu beachten ist, dass Adam keine Schuld trifft, außer jener, dass er den Verlockungen nicht widerstehen konnte), ist es in den danach folgenden Jahrtausenden die Frau gewesen, die – instinktmäßig – besser verstand, welches Risiko und wie verheerend Freiheit (oft Synonym mit Einsamkeit) sein kann, wenn sie nicht die Werte wie Liebe, Solidarität, Zusammenarbeit mit einschließt. Das sind jedoch Werte, die Gefahr laufen, die Freiheit auch einzuschränken: Weil sie, die Frau, ähnlich wie ein Künstler, verstanden hat, dass Freiheit nur in ihrer Einschränkung kreativ wird, darum ist für die meisten der Frauen das Höchste ihres Schicksals nicht die Freiheit, sondern die Hochzeit, die immer Abhängigkeit bedeutet. Letztendlich geht es nicht um die Frage, was Freiheit ist, sondern was wir sind und wie wir mit ihr umgehen.

Was tun mit der Freiheit in Armut?

In Bukarest ist das Straßenbild wieder von langen Schlangen vor den Brot- und Milchläden, vor Tankstellen und selbst vor dem Rentenamt geprägt. Die Rumänen sind zum Warten verdammt. Anders als zu Ceauşescus Zeiten zeichnen sich diese Menschenschlangen freilich durch lebhaften Gedankenaustausch, nicht selten sogar durch heftige Debatten aus. „Straßenparlamente" sind entstanden. Selten wird Übereinstimmung erzielt, aber jeder redet frei. In einem sind sich die meisten einig: Die Revolution von 1989 hat ihre Ziele verfehlt. Es breitet sich Verdrossenheit aus über eine Politik, die das Volk nicht zu Unrecht für seine anhaltend missliche Lage verantwortlich macht.

Die einzige Errungenschaft der Revolution, die bisher unangetastet blieb, ist die Redefreiheit. Jeder kann den Präsidenten öffentlich beschimpfen, kann sich auf die Pressefreiheit oder die Freiheit des Glaubens berufen, ohne im Gegenzug schikaniert zu werden. Das Paradoxe aber liegt darin, dass das Volk mit diesen Freiheiten nicht viel anzufangen weiß, da solche Meinungsäußerungen ihm wenig nützen. Kritik in den Zeitungen bleibt ohne Wirkung auf die Politik der Regierung, Proteste und Versammlungen verlaufen im Sand, mit der Korruption hat es kein Ende, die Justiz funktioniert nicht. Stattdessen muss der vielzitierte Mann auf der Straße erfahren, dass es in diesem Land einfacher ist, durch Stehlen und Hehlerei reich zu werden als durch fleißige Arbeit.

Im Dezember 1989 hatten sich Hunderttausende auf Plätzen und vor dem Fernsehen versammelt, um die „erste Revolution, die direkt übertragen wurde", in gespannter Erwartung zu verfolgen. Von der damaligen Hoffnung auf eine bessere Zukunft ist wenig übriggeblieben. Die meisten Rumänen sind irritiert, sehen sich von den Machthabern getäuscht. Zu den Wahlen im Jahr 1990 waren mehr als zweihundert Parteien angetreten, deren Programme sich kaum voneinander unterschieden. Die Regierung unter Präsident Iliescu trug zu der daraus resultierenden Verwirrung zusätzlich bei, indem sie zu jeder neugegründeten Partei eine „Gegenpartei“ schuf. Inzwischen hat die Regierung, gebildet aus ehemaligen Kommunisten, die dem Volk die wahre Revolution gestohlen haben, in die politische Diskussion auch wieder „Klassenkampf“-Ausdrücke eingeführt. Der einstige „Volksfeind“ wird nun „Unsicherheitsfaktor“ genannt, die Unsicherheit geht nach dieser Lesart nicht mehr vom Sozialismus aus, sondern von Demokratie und Marktwirtschaft. Auf diese Weise bauen die zu Ultranationalisten gewandelten Kommunisten eine Front gegen die demokratische Opposition auf.

Mit seiner „gestohlenen“ Revolution, die durch einen Staatsstreich ersetzt wurde, mit Reformen, die sich auf die Freigabe der Preise beschränkten, mit einer noch kaum eingeleiteten Privatisierung der Staatsbetriebe, mit einem allzu mächtigen und allzu wenig kontrollierten Präsidenten – kraft dieser und anderer negativer Erscheinungen ist aus Rumänien ein „stürmischer Ozean von Worten“ geworden, auf dem es so lange stürmen wird, solange das Volk nicht wieder vor Hunger stirbt und solange es seine Seelenlast in der „Milchschlange“ erleichtern kann. In diesem Ozean läuft Rumänien freilich Gefahr, dass es sich am Ende selbst nicht mehr hören kann.

In einer spanischen Herberge – Über Bücher und Geheimdienste

Die Bücher dieser Welt lassen sich meiner Meinung nach in nur zwei Kategorien einteilen, in jene, die aus Liebe und jene, die aus Hass geschrieben wurden. Die Autoren jedenfalls lassen sich genauestens definieren durch das Motiv ihres Schreibens: Einige schreiben aus Liebe zu den Menschen, andere schreiben aus Hass. Genau wie in der Bibel zählen die Warmherzigen und die Neutralen nicht. Diese Formulierung erscheint vielleicht widerspruchslos, vereinfacht und entspricht einem manichäistischen Weltbild. Das ist sie sicherlich auch, was sie jedoch gleichzeitig nicht weniger wahr erscheinen lässt. Und sie wird umso bemerkbarer dann, wenn sich der Schreibende in einer Grenzsituation befindet. Dort, wo zum Beispiel Nicolae Steinhardt[1], der rumänisch-jüdische Schriftsteller und Literaturkritiker, als politischer Häftling sein „Journal de la félicité" (Das Tagebuch des Glücks) von 1972 bis 1989 über seine Jahre im Gefängnis schrieb, dort sehen andere lediglich Demütigung durch Hunger, Entmenschlichung durch Schrecken, Folter, Betrug und psychische Zersetzung.

Gleiches Leid – verschieden empfunden

Die Wirklichkeit ist so umfassend komplex und das Leben – wie es in einem alten Sprichwort heißt – ist „wie eine spanische Herberge", wo jeder das verzehrt, was er sich selber mitgebracht hat: Ein glei-

1 Nicolae Steinhardt (1912–1989), rumänisch-jüdischer Schriftsteller, war von 1959 bis 1964 politischer Häftling, ließ sich im Gefängnis orthodox taufen, schrieb sein „Tagebuch des Glücks", das 1991 posthum im Dacia Verlag, Cluj, von seinem Freund veröffentlicht wurde.

ches Leid von zwei verschiedenen Menschen erlitten, wird verschieden empfunden und verschieden geschildert! Jeder von uns projiziert, ohne sich dessen genau bewusst zu sein, seinen eigenen Seelenschimmer auf seine Umgebung, dessen Konturen klarer oder verwischter sind, je nach der Menge des ausgestrahlten Lichtes.

Vor nicht allzu langer Zeit habe ich die handgeschriebenen Randbemerkungen auf den Blättern einer Geheimdienstakte der Securitate gelesen. Es waren die Randnotizen auf der Akte eines Menschen, der nie etwas Außergewöhnliches erlebt, noch etwas Besonderes getan hatte, jedoch von der Securitate minutiös verfolgt wurde, wie so viele Menschen in Rumänien damals während der kommunistischen Zeit. Es wird eine apokalyptische Welt heraufbeschworen, in der alle Menschen unehrlich, pervers, verräterisch, skrupellos zu sein schienen. Die Geschichte war so düster, dass ich mich fragte, wie es gewesen wäre, wäre der Verfolgte eingesperrt, verhört, geschlagen, gefoltert und zu mehreren Jahren schwerer Haft verurteilt worden. Und automatisch musste ich dabei an meine eigenen Eindrücke und Erlebnisse aus jener Zeit denken: Obwohl es mir bisher nicht gelungen ist, meine eigene Securitate-Akte zu lesen (da sie angeblich vernichtet wurde), habe ich keine Zweifel, dass es sie gibt, dass es auf jeden Fall eine Akte gab. Ich benötige nicht allzu viel Fantasie, um sie mir vorzustellen. Ich müsste lediglich meine gelebte Vergangenheit in den mir bisher bekannten Schemen der Aktenbehörde für die Geheimdienstpapiere der Securitate, CNSAS, vorstellen und schon würde ich mit Sicherheit Freunde finden, die mich verraten haben, Bewunderer, die mir Reaktionen mitteilten, Kollegen, die versucht haben, mich zu provozieren. Es erschien wie der Versuch einiger Mitmenschen aus meiner Umgebung, in außergewöhnlichen Szenarien mein soziales Umfeld mit Erfolg zu zerstören.

Ich erinnere mich genau an beabsichtigtes Streuen und Aufkommen einiger Gerüchte, die mir stets nahegingen. Aber ich bin überzeugt, dass der Abscheu vor jenen nicht so gewaltig ist wie das

Mitleid für sie. Es sind oft Menschen, die dazu gezwungen wurden, genötigt, entwürdigt, auf die eine oder andere Weise seelisch unter Druck gesetzt wurden, um diesen Verrat zu begehen. Ich bin überzeugt, dass sie einem inneren Zwang folgten und den Verrat zum Wohl ihrer Kinder oder um eine Wohnung zu bekommen, um die Behandlung ihrer kranken Ehefrau zu bezahlen oder um die Erlaubnis für die Doktorarbeit zu erhalten, begangen haben – vielerlei leidvolle Motive, die zwar keine Entschuldigung waren, jedoch als Erklärung im Gesamten die vergiftete und schlüpfrige Oberfläche ihres Lebens ausmachten und daher um so weniger aussagten über ihr Seelenleben als vielmehr etwas über den Mechanismus, dem sie zum Opfer gefallen waren.

Wenn ich in die Vergangenheit blicke, so sehe ich mich nicht aus einem dämonischen und monströsen Inferno aufsteigen, sondern aus einer niederen, verschlammten, unterdrückten Welt voller Leid, Armut und Komplexen, in der die einzige Hoffnung, die Entdeckung eines Innersten war, das, wie winzig und unbedeutend auch immer, Licht bedeuten konnte. Eine Hoffnung, die, wenn sie nicht vorhanden war, erfunden hätte werden müssen. Sie ist der Spiegel der eigenen Seele in einer noch unglücklicheren Gegenwart als die eigene. Denn wie sagte einst Sokrates: Noch unglücklicher als der, der eine Ungerechtigkeit erduldet, ist jener, der sie produziert.

Menschen ohne Gedächtnis

Der Osten muss sich an die Geschichte des Kommunismus erinnern. Das Erbe eines gelebten Leidens ist sein Beitrag zu Europa.

Jahrzehntelang hatte in Rumänien jeder Lebenslauf zwei Abschnitte: einen vor und einen nach dem 23. August 1944, dem Tag des Einmarsches der Roten Armee. Nun gut, während der letzten Jahre hat sich das geändert: Das Datum, das jede unserer Biografien teilt, ist jetzt der 22. Dezember 1989, der Tag der Flucht Ceaușescus. Vor dem 22. Dezember 1989 war ich eine Schriftstellerin mit 24 veröffentlichten Büchern, zweien in der Schublade, drei Schreibverboten und einer einzigen Obsession: zu schreiben, was ich dachte, und zu veröffentlichen, was ich schrieb. Schreiben war einfach, veröffentlichen viel schwieriger. Verboten zu sein bedeutete, dass dein Name nie wieder in den Medien auftauchte, auf keinem Buchdeckel mehr stand und auch nicht zitiert wurde.

Das erste Mal wurde ich nur verboten, weil mein Vater im Gefängnis saß. Die beiden anderen Male war es wegen meiner Gedichte. Das erste Verbot dauerte vier Jahre, das dritte wäre vermutlich lebenslänglich gewesen, wäre es nicht durch die Ereignisse vom 22. Dezember 1989 annulliert worden. Ich war also Autorin von 24 Büchern, aber für das rumänische Leserpublikum war ich nicht nur das, sondern vor allem die Autorin meines Schweigens, denn zwischen den Veröffentlichungen gab es immer wieder Verbote.

Statt als Schriftstellerin wurde ich zuerst als verbotene Schriftstellerin bekannt. Während des dritten Verbots waren meine Bücher auch aus den Bibliotheken verbannt. Das Verbot galt somit nicht nur für Gegenwart und Zukunft, sondern auch für die Vergangenheit. In einer Gesellschaft, in der nur die Lüge keine Mangelware war und die einzige Wirklichkeit der Unterdrückungsapparat, wurde auch die harmloseste Kritik politisch, da sie Ausdruck von Freiheit war.

Diese Verbote haben mich als Schriftstellerin, die sich seit Jahrzehnten darauf versteift hatte, die Wahrheit zu sagen, in ein politisches Symbol verwandelt. Die Postkommunisten haben nach dem 22. Dezember 1989 versucht, dieses Symbol zu manipulieren, indem sie mir vorschlugen, Vizepräsidentin der neugegründeten Partei „Front der Nationalen Rettung“ zu werden. Als ich das jedoch instinktiv ablehnte, noch bevor mir die wahren Gründe bewusst wurden, wurde ich für die neuen Machthaber zu einer Art „verlorenem Schaf“. Paradoxerweise hat die Freiheit des Wortes auch dazu geführt, dass das Interesse am Wort schwand. Tatsächlich war Freisein viel schwieriger als Nichtfreisein! Über viele Jahre waren wir überzeugt, dass Freiheit das Gegenteil von Unterdrückung sei. Als jedoch die Unterdrückung verschwand, erkannten wir mit Bestürzung, dass wir unfähig waren, mit der Freiheit umzugehen. Es ist viel einfacher, die Begriffe als Gegensätze zu definieren, als sie mit eigenständigen Inhalten zu füllen. Die Rumänen sind heute ein Volk, das nach fünfzig Jahren kommunistischer Herrschaft und einem nahtlosen Übergang zur freien Marktwirtschaft mit Erschrecken feststellt, wie wild der Kapitalismus sein kann, ein Kapitalismus, der von der gleichen gesellschaftlichen Minderheit politisch dominiert wird. Das Gefährliche daran ist, dass man dabei das Gefühl hat, Veränderungen seien lediglich eine Strategie, Schlechtes durch noch Schlechteres zu ersetzen. Mit Ausnahme einiger Details gilt das auch für die anderen Völker im Osten.

Die Unterschiede zwischen Ost- und Westeuropa

Ich spreche von den „Völkern im Osten“, da es augenscheinlich immer noch zwei Europas gibt: das westliche, das im Laufe von Jahrhunderten hochmütig ignorierte, was einige hundert Kilometer entfernt von seinen Grenzen passierte, und das andere, das östliche, orientalische Europa, das immer schon davon geträumt hat, näher an den Westen heranzurücken. Diese zwei Teile bleiben sich weiterhin fremd. Nach dem europäischen Einigungsprozess lernen sich beide allmählich kennen, was nicht ohne Enttäuschung abgeht, vor allem für jene, die sich von Osten nach Westen bewegen. Deshalb erscheint es mir wichtig, dass der Einigungsprozess nicht nur auf ökonomischer oder diplomatischer Ebene vorangetrieben wird, sondern auch die Obsessionen in Einklang bringt. Osteuropa bringt das Erbe eines gelebten Leidens ein, ein Kulturgut aller großen historischen Konstruktionen.

In den letzten zwanzig Jahren war deswegen meine Hauptbeschäftigung nicht die Literatur, obwohl ich weiter geschrieben habe, sondern die Errichtung der ersten Gedenkstätte für die Opfer des Kommunismus und des Widerstands. Das Memorial ist ein großes Museum mit fünfzig Sälen im Gebäude eines ehemaligen stalinistischen Gefängnisses in Sighet, einer kleinen Stadt an der Nordgrenze Rumäniens zur Ukraine.

Der größte Sieg des Kommunismus – ein Sieg, dessen Dramatik man erst nach 1989 erkannte, – war es, einen Menschen ohne Gedächtnis zu schaffen, den „neuen Menschen", der sich nach vollzogener Gehirnwäsche nicht mehr daran erinnern sollte, was er vor dem Kommunismus war, besaß oder tat. Das Erinnern ist eine Form von Wahrheitsfindung. Die Einrichtung der Gedenkstätte von Sighet war deshalb kein Selbstzweck, sondern ein Mittel, das kollektive Gedächtnis wiederherzustellen. Wichtigstes Anliegen der Kommunisten war die Ausmerzung des historischen Gedächtnisses. Dieser Demütigung kann nur die Rekonstruktion der Vergangenheit entgegengestellt werden, denn die Geschichte ist das Rückgrat einer Gesellschaft. Das Memorial von Sighet ist sowohl Argument als auch Symbol für die Bedeutung und Notwendigkeit des historischen Gedächtnisses, das unentbehrlich ist für den Aufbau einer Zivilgesellschaft.

Von 1950 bis 1955 waren im Gefängnis von Sighet mehr als 200 Würdenträger, Akademiker, Proletarier – die meisten von ihnen ohne Urteilsspruch – inhaftiert, nur zwei Kilometer entfernt von der sowjetischen Grenze, damit sie im Falle einer Revolte nicht befreit werden konnten. Während der fünf Jahre Haft starben 53 der 200 Gefangenen. Sie wurden Opfer eines langsamen Vernichtungsprogramms. Eine der Fragen, die immer wieder im Zusammenhang mit der Gedenkstätte gestellt wird, lautet: „Warum Sighet? Es gab noch andere Gefängnisse, die viel größer und schrecklicher waren." Die Antwort ist einfach: „Weil in Sighet alles anfing. Weil Sighet der Ort war, wo man mit Präzision die Prozesse und Etappen der Repression umsetzte. Um das Volk fügsam zu machen, musste zuerst die politische, kulturelle und soziale Elite vernichtet werden. In Sighet hat man prophylaktisch die Spitze der Gesellschaft geköpft. Man ließ einer Zivilgesellschaft keine Chance."

1993 haben wir dem Europarat den Vorschlag gemacht, dieses Gefängnis in eine internationale Institution des Gedenkens an die kommunistischen Gräueltaten umzuwandeln. Der Europarat stellte das Vorhaben unter seine Schirmherrschaft. 1997 erklärte das rumänische Parlament die Gedenkstätte zu einer „Stätte von nationalem Interesse" und gewährte uns eine jährliche finanzielle Unterstützung. Der mühsamste Teil war jedoch die Entwicklung einer wissenschaftlichen Methode, um die Gefängniszellen in Museumsräume umzuwandeln. Heute gibt es mehr als dreitausend Stunden Tonbandaufzeichnungen. In der Reihe „Dokumente" wurden Tausende von Schriftstücken gesammelt und in der Buchreihe „Die Annalen von Sighet" die Aufzeichnungen von Zeitgenossen veröffentlicht. In Symposien werden in der „Horizontale" 45 Jahre Kommunismus untersucht. Ein letztes Projekt, das noch am Laufen ist, hat sich die „Auflistung der Inhaftierten von 1945 bis 1989" auf statistischer und soziologischer Grundlage zum Ziel gesetzt. Es gibt 93.000 Häftlingsdokumente, die gegenwärtig im Archiv der Gedenkstätte liegen.

Die Besucher können sich heute anhand der Dokumente, der Bilder und der Zeugenberichte eine Vorstellung vom Mechanismus der Missachtung elementarster Menschenrechte machen, vom Hass als Treibstoff der Geschichte. Der Kommunismus ist zwar als System verschwunden, aber nicht als Mentalität und Methode. Die Analyse des Kommunismus scheint mir ein nützlicher Prozess zu sein, sowohl für die Vergangenheit als auch für die Zukunft. Die Mitglieder der terroristischen Organisationen der sechziger, siebziger und achtziger Jahre wurden in osteuropäischen Camps ausgebildet und benutzten Waffen sowjetischer und tschechischer Herkunft. Das Studium des Kommunismus und seiner Methoden ist also auch ein Instrument, um die aktuellen Weltprobleme zu verstehen.

Mit der Sommerschule hat unser Projekt in den vergangenen Jahren eine Öffnung in die Zukunft vollzogen. Die Gedenkstätte ist ein Ort, wo die Jugendlichen von heute, denen die düsteren Schatten einer gefälschten Vergangenheit nichts mehr anhaben können, erfahren, was sie als Ergebnis der historischen Entwicklung sind und was sie aus eigenem Willen heraus werden können.

In der mehr und mehr globalisierten Welt schreibe ich und werde übersetzt. Meine Inspirationsquellen sind weiterhin das Leiden, das fünfzig Jahre Kommunismus verursacht haben, sowie die schmerzhaften, verwirrenden Erfahrungen der letzten zwanzig Jahre des Übergangs von einem Regime zum anderen, von einem Europa zum anderen.

Von der Zensur als Form der Freiheit zur Freiheit als Form der Zensur[1]

Um über Zensur zu sprechen, auf jeden Fall, um das Thema theoretisch zu behandeln, muss man in erster Reihe über die Verbindung zwischen Schriftsteller und Macht nachdenken. Diese Verbindung hat zwei Aspekte: Der erste ist der Wunsch und die Tendenz der Macht, völlige Herrschaft über den Schriftsteller zu erlangen. Der zweite Aspekt bezieht sich auf die Tatsache, dass es andererseits eine Macht des Schriftstellers gibt, die, besonders im Falle guter Schriftsteller, nicht beherrscht werden kann. Es ist schon seltsam, dass die Macht im Allgemeinen – ich beziehe mich nicht nur auf die Macht in der kommunistischen Diktatur, sondern auf jede Art von Macht –, je weniger demokratisch, umso mehr dazu neigt, Schriftsteller zu vereinnahmen, sie zu beherrschen. Seltsam, dass ihr das auch meistens gelingt. Ich meine seltsam, weil der Schriftsteller, im Gegensatz zum Filmemacher, zum Maler, zum Theatermann nicht abhängig ist von Materialien. Um seine Werke zu schreiben, braucht er nur Papier und Bleistift, während ein Filme- oder Theatermacher große Summen Geld und eine Truppe benötigt. Ein Musiker braucht ein Orchester. Eine Statue in Ton geformt, muss danach auch in Bronze gegossen werden. All das kostet Geld.

Der Schriftsteller jedoch hat keine Ausgaben. Während all die anderen Künstler durch Kürzung der finanziellen Mittel zensiert werden können, so dass ihr Werk unter Umständen unbeendet bleibt (ein Regisseur ohne Drehbuchgenehmigung kann den Film nicht drehen), erfolgt beim Schriftsteller die Zensur post factum. Erst nachdem er sein Werk vollendet hat, entscheiden die anderen,

1 Der Vortrag mit diesem Titel wurde gehalten aus Anlass der Eröffnung des 10. Symposiums zum Thema „Die Pressezensur – früher und heute" an der Babeş-Bolyai-Universität in Cluj-Napoca, im Herbst 2011.

ob es veröffentlicht wird. Aber auch unveröffentlicht ist es abgeschlossen und bleibt erhalten. Eben daher kommt, glaube ich, die große Macht des Schriftstellers. Sie stützt sich auf die Angst der Machthaber, dass er als Zeuge überlebt. Die Machthaber wollen ihn nicht zerstören, sondern ihn für sich einnehmen, damit er ihre Wirklichkeit positiv darstellt. Dies entspricht meistens jedoch nicht der Wahrheit. Und wenn er sich widersetzt, wird er physisch vernichtet. Die Macht des Schriftstellers, die gleichzeitig Verantwortung als auch Last ist, liegt in der Dauerhaftigkeit seines Werks.

Ich erinnere mich: Es war in den Jahren 1987/88, als das Kloster Văcăreşti abgerissen wurde. Offensichtlich lag es allein an Ceauşescu, dies zu verhindern. Es wäre natürlich besser gewesen, wenn sich damals viele Intellektuelle solidarisiert und dagegen protestiert hätten. Aber vergessen wir nicht, dass es Vorschriften gab, die eine Versammlung von mehr als drei Personen untersagten, um nicht von unserer angeborenen Neigung, nicht solidarisch zu sein, zu sprechen. Also wurde das Kloster einfach niedergerissen. Mich ergriff sofort Panik, nicht nur, weil so ein Stück einzigartiger, rumänischer mittelalterlicher Kunst des 18. Jahrhunderts verschwand, sondern weil ich dachte, dass ich Zeitzeuge einer Zerstörung bin, die nie mehr rückgängig gemacht werden kann. Die Nachwelt kann mir vorwerfen, dass ich in dieser Epoche gelebt habe, ohne dass ich mich gewehrt oder mich einer solch kriminellen Tat widersetzt habe. Ich hatte damals stärker als je das Gefühl, dass ich in dem Maße verantwortlich bin, verantwortlich sein werde für all das, was um mich herum passiert, indem ich das werde, was ich sein wollte: ein guter Schriftsteller. Das hatte zur Folge, dass meine Reaktionen und meine Art zu schreiben von diesem Gefühl bestimmt wurden, aber auch von der Zensur. Natürlich wurde ich schon davor beim Schreiben zensiert, aber nun wurde alles schlimmer. Von der Zensierung einiger Wörter, von Seiten, ganzer Bücher kam es zur Zensierung meines Namens und meiner Person.

Vom Standpunkt der Zensur gab es für mich als Schriftstellerin und als Privatperson, die diese Epoche durchschritten hat, zwei Zeitspannen: die erste, die bis zum 1. März 1977 dauerte, als die Zensur eine Institution war mit einem Sitz mit Namen (Generaldirektion für Presse und Druckerzeugnisse) und einer bestimmten Anzahl von Angestellten. Alle Welt wusste, dass dies die Zensur ist, dass man das Manuskript in diese oder jene Straße brachte, und es danach mit dem berühmten Stempel: DP (Generaldirektion für Presse) zurückbekam oder auch nicht.

Die zweite Zeitspanne begann nach diesem Datum und hielt bis zur Wende an. Die Zensur war nun keine Institution mehr, sondern eine Definition. Sie hatte keinen identifizierbaren Sitz mehr. Dazu muss gesagt werden, dass, mit Ausnahme der Jahre zwischen 1968 bis 1972, vorher alles viel schlimmer war. Auch wenn wir Ceaușescu als absolutes Monster in Erinnerung haben, die stalinistische Diktatur war ohne Zweifel brutaler und krimineller als die Zeit unter Ceaușescu. Sie war jedoch schwerer zu ertragen, weil es keine Erinnerung an die Freiheit und keine Hoffnung auf sie gab. Während die Menschen der stalinistischen Zeit sich noch daran erinnerten, wie es ist, in einer anderen, in einer freien Welt zu leben und hofften, dass diese Zeit bald wiederkehrt, hatten wir, die Bürger des „Goldenen Zeitalters", weder etwas, an das wir uns erinnern konnten, noch hatten wir die Kraft zu hoffen.

Der einzige Mensch, den ich sagen hörte, dass der Kommunismus zusammenbrechen wird, war Corneliu Coposu[2]. Ich persönlich war mir sicher, Ceaușescu nicht zu überleben. Als ich an meinem Roman „Die Applausmaschine" arbeitete, hatte ich das Gefühl, ein Buch zu schreiben, das mit ein bisschen Glück posthum erscheinen wird.

2 Corneliu Coposu (1914–1995), Politiker, war nach der Wende der Gründer und Parteiführer der „Bauernpartei", während des Kommunismus war er politischer Häftling im Gefängnis Sighet.

Nach 1977 wurde mit viel Propaganda die Zensur „abgeschafft". Dies stellte man uns als „Freiheit", als einen großen Schritt nach vorne dar. In Wahrheit wurde sie immer intensiver, „mysteriöser", weil man nicht mehr wusste, wo ihre einzelnen Schnittstellen waren. Nie wusste ich und weiß es bis heute nicht, wie viele Stufen diese so funktionierende Zensur hatte. Offensichtlich bestand die erste Stufe – ich spreche von der Periode nach 1977, die ich erlebt habe – in der Zensur durch die Redakteure des Verlags. Es war die einzige ziemlich zweideutige Stufe, weil ihr zum größten Teil Schriftsteller angehörten. Die bei Verlagen tätigen Schriftsteller hatten die gleichen Gefühle, dieselbe ästhetische und politische Überzeugung wie die anderen Schriftsteller, die mit ihren Manuskripten zu ihnen kamen. Zwischen Schriftsteller und Redakteur stellte sich eine Art Komplizenschaft gegen die Zensur ein. Als ich diesen Satz einmal im Ausland während einer Konferenz sagte, wurde ich gefragt: „Warum sagen Sie Komplizenschaft und nicht Solidarität?" Einen Augenblick zuckte ich zusammen und fragte mich: „Tatsächlich, warum?" Komplizenschaft, ja. Jedoch war es auch Solidarität? Ich überlegte, Komplizenschaft war schon der richtige Ausdruck. Es gab keine Solidarität, weil niemand dem Enttarnten je zur Seite sprang.

Ich bin trotzdem meinen Kollegen von der Redaktion sehr dankbar, dass sie mir unter diesen Bedingungen halfen, gegen die Zensur zu kämpfen. Mein Buch „Entwürfe der Vergangenheit", das hier als Musterbeispiel dienen soll, hätte offensichtlich nicht erscheinen dürfen. Es hat jedoch alle Genehmigungen erhalten, weil Redakteure in ihren Berichten schrieben: „Es ist ein Buch, das über die wunderbaren Errungenschaften unserer sozialistischen Epoche schreibt." Eigentlich war es ein Buch über die Deportationen und die Gefängnisse. Hätte jemand die Berichte überprüft, hätte man glauben können, man mache sich über die Zensur lustig. Der Leiter des Verlags „Das rumänische Buch" (Cartea Românească) war der

Schriftsteller Marin Preda[3]. Als Chef trug er die Verantwortung. Weil er ein so großer und bekannter Schriftsteller war, gewährte er Freiheiten, die sich andere in seiner Abwesenheit nie erlaubt hätten.

Ich erwähnte vorhin, dass ich nicht wusste, wie viele Stufen die Zensur hatte. Nach der ersten, die aus den Verlagsredakteuren bestand, folgte die zweite, der „Rat für Kultur und sozialistische Erziehung", das damalige Kultusministerium. Danach verlor sich alles irgendwo im Ungewissen. Man wusste, dass nicht der Rat die Entscheidung traf. Vergebens versuchte man, dort zu intervenieren, wenn ein Buch schon seit Monaten blockiert war. „Das Werk befinde sich seit längerem nicht mehr bei uns", kam als Antwort. Es zirkulierten Gerüchte, das Buch befinde sich bei Elena Ceauşescu. Auf welchen Wegen auch immer, es landete schließlich bei der Securitate, wenn diese nicht selber vor Ort war.

Die Zensur war wie ein dichter Nebel, der dich einschließt und dir das Gefühl gibt, zu erfrieren oder zu ersticken. Trotzdem haben ich und einige Kollegen – damit meine ich die guten Schriftsteller, die es auch weiterhin blieben – es vorgezogen, gegen die Zensur zu kämpfen und manchmal gelang es uns auch, diese zu besiegen. Ich mache einen Vergleich, der für uns nicht besonders schmeichelhaft ausfällt, der aber genau die Verhältnisse beschreibt: Der Kampf mit der Zensur war ein Ringen, das wie eine Umarmung aussah. Was gleicht mehr einer Umarmung als ein Ringen Körper an Körper? Es war ein Kampf, der dich gleichzeitig beschmutzte, weil du in Berührung mit jenen kamst, die du verachtest und vor denen du Angst hattest. Und doch gelang es uns manchmal, sie zu besiegen. Die Bücher, die ich damals veröffentlichte und die bis heute in viele Sprachen übersetzt werden (sich also von allen Standpunkten her bewährt haben), sind der Beweis, dass es auch Siege gab.

---

3 Marin Preda (1922–1980), rumänischer Schriftsteller, Verlagsleiter, bekannt als vielgelesener Romanautor der rumänischen Literatur mit Werken wie „Moromeții", „Desculț" oder „Cel mai iubit dintre pământeni".

Ich möchte noch ein Dilemma schildern, in das ich geraten bin und das mich bis zur Besessenheit in den achtziger Jahren beschäftigte. Die Frage war: Kämpfen wir gegen die Zensur Tag für Tag, um jede Zeile, um jedes Wort oder für die Zensur? Genau das war der Fall. Strich man ein Wort in meinen Texten, so ersetzte ich es mit einem anderen, das wurde dann wiederum gestrichen und so weiter. Nach drei oder vier Veränderungen kehrte ich zum Ausgangswort zurück. Das wurde dann gar nicht wahrgenommen. So kämpften wir gegen die Zensur und manchmal siegten wir auch. Es konnte dann ein Buch erscheinen, das sich kritisch mit der Gesellschaft auseinandersetzte. Die einfache Tatsache, dass so ein Buch erscheinen konnte, sollte als Beweis dienen, dass es in Rumänien Freiheit gab. Die Wirklichkeit sah jedoch anders aus. Das Problem war zu entscheiden, was richtig ist: zu kämpfen und im Falle eines Sieges für jene zu bürgen, gegen die man kämpft oder nichts zu tun. Mit anderen Worten, wir hatten die Wahl zwischen Rückzug oder Schreiben. Das beschäftigte mich immer wieder. Ich sprach darüber mit anderen Kollegen und wollte wissen, wie sie dazu stehen und welche Lösung die bessere ist. Ich habe mich für das Schreiben entschieden und ich glaube, ich hatte recht. Die Bücher, die unsere Generation der Sechziger damals veröffentlichte, haben die folgenden Generationen beeinflusst. Der Rückzug wäre vermutlich radikaler gewesen, aber steriler.

Entwürfe der Vergangenheit

Mein Buch „Entwürfe der Vergangenheit“, das Musterbeispiel für ein Veröffentlichungsverbot, ist ein Band phantastischer Geschichten, in denen das Phantastische lediglich die Realität verschleiert. So wurde es mindestens von der rumänischen Bevölkerung wahrgenommen und später auch im Ausland. Dieses Buch ging durch die Zensur nur dank der positiven Berichte des Verlags „Cartea Românească“. Danach passierte mir jedoch ein Fehler: Die Zeitschrift „Viaţa Românească" (Rumänisches Leben) bat mich, einige Gedichte zur Veröffentlichung einzureichen. Da ich zu jener Zeit keine neue Gedichte hatte, schlug ich vor: „Ich habe einen Band Erzählungen, der im Begriff ist zu erscheinen. Wenn Sie wollen, können Sie eine von diesen veröffentlichen." Und ich reichte die Erzählung „Nutzgeflügel" ein. Sie handelt von einer Lehrerin, die Marxismus unterrichtet. Um nicht mehr wegen Fleisch Schlange zu stehen, entschließt sie sich, auf dem Balkon eine Art Geflügelzucht zu betreiben. Sie kauft Eier und hofft, dass aus ihnen Küken schlüpfen, jedoch schlüpfen Engel aus der Schale. Diese Erzählung hat für großen Aufruhr gesorgt. Die Typografen lehnen es ab, den Text zu setzen, sagte man mir. Sie protestieren, weil ich darin den Sozialismus verunglimpfe und mich über ihn lustig mache. (Jahre später, als die Bergleute zum Universitätsplatz strömten, hatte ich ein Déjà-vu-Erlebnis, als ich mich erinnerte: Wieder hetzte man Arbeiter gegen die Intellektuellen auf. Auf diesen Mechanismus wurde immer wieder, wenn nötig zurückgegriffen. Er funktionierte.) Es stimmte natürlich nicht, dass die Typografen mich ablehnten. Man wandte solche Methoden nur an, um damals einen Text nicht zu genehmigen, da es „keine Zensur mehr gab". Keine Institution konnte sagen: Dieser Text kann nicht veröffentlicht werden. So zog man die Arbeiter heran. Bei einer Zeitschrift gab es andere Personen, die „unsichtbare Zensur" ausübten als bei Verlagen. Das hatte zur Folge, dass auch das in Druck befindliche Buch gestoppt wurde, da die Zeitschrift zur Verteidigung angab, dass die Erzählung einem Band entnommen wurde, der sich in Druck befindet.

Ich hatte trotzdem Glück. „Glück im Unglück", sagte mein Mann immer, wenn ich aus einer brenzligen Situation ungeschoren davonkam. Mein Glück verdanke ich häufig auch der unermüdlichen Phantasie der „Zensurorgane", die geschickt zu manipulieren und Anschuldigungen zurückzunehmen wussten.

Im Dezember 1981, während des Skandals um mein Buch, verkündete die Universität Wien, dass ich von den deutschsprachigen

Universitäten Österreichs, der Schweiz und Deutschlands für den Herder-Preis 1982 nominiert wurde. Die Verleihung sollte im Mai stattfinden. Es folgte ein spannendes halbes Jahr mit vielen Problemen. Zuerst verweigerte man mir das Visum, das ich schließlich erst zwei Tage vor der Abreise erhielt. Als ich in Wien ankam, fand ich wenige Stunden vor der Verleihungszeremonie im Wiener Hotel die Nachricht, dass mein Buch in Rumänien in Druck geht. Es gab bestimmt die Überlegung: „Wenn sie in Wien ist – und man ließ mich reisen, weil man einen außenpolitischen Skandal befürchtete, da bei der Verleihung des Herder-Preises auch der Bundespräsident Österreichs anwesend war –, wird sie Interviews geben und verraten, dass ihr Buch nicht gedruckt wird." Dies wurde als gefährlicher eingeschätzt als mein Buch zu veröffentlichen. Meine Freude über die Veröffentlichung war vielfach größer als jene über die Verleihung des Herder-Preises. Beide Ereignisse prägten sich bei mir ein als der komplizierte Kampf gegen die Zensur. Im Kampf dagegen wurde ich drei Mal verboten, also steckte ich auch Niederlagen ein und feierte nicht nur Siege. Ich war jedoch fest davon überzeugt, dass in einem Land, in dem Solidarität nicht viel bedeutet – und da beziehe ich mich nicht nur auf die kommunistische Zeit –, das Schreiben eine der wenigen Möglichkeiten war, allein durchzuhalten.

Veröffentlichungsverbote

Dreimal wurde ich also verboten. Das erste Mal, nachdem ich in der Zeitschrift „Tribuna" unter dem Namen „Ana Blandiana" ein Gedicht veröffentlicht habe. Mein Vater war im Gefängnis und kurze Zeit danach wurden von Großwardein (Oradea) aus, wo wir wohnten, Mitteilungen an alle Presseorgane des Landes geschickt, die aufmerksam machten, dass sich hinter dem Pseudonym „Ana Blandiana" die Tochter eines Volksfeindes, Gheorghe Coman, versteckt und so weiter. Diese Mitteilung sah ich Jahre später in einer Veröffentlichung von Archivmaterial aus der moldauischen Stadt

Iaşi. Abgesehen davon, dass das Verbot vier Jahre dauerte, in denen ich an keiner Hochschule zugelassen wurde, scheint es mir aus heutiger Sicht unglaublich und übertrieben, welche Mühe man sich machte, hunderte von Zeitungen und Zeitschriften zu informieren, um ein 17 Jahre altes Kind, das zwei Gedichte veröffentlicht hatte, zu verbieten. Vielleicht wären auf diese Gedichte keine weiteren gefolgt, mangels Schreibtalent. Das war ein Beweis, dass die Macht eines Schriftstellers aus der Angst der anderen ihm gegenüber entspringt. Da mein Vater im Gefängnis war, vermutete man, dass ich mich in die gleiche Richtung entwickeln könnte, und zog es vor, das Böse an der Wurzel zu packen und auszurotten. Doch das Jahrhundert schritt voran, einen Schritt vor und zwei zurück. Der Kommunismus könnte grafisch als eine Welle dargestellt werden, da die Entwicklung nicht geradlinig war: Es gab Zeiten, in denen „die Schrauben fester angezogen" wurden und andere, in denen man sie „lockerer" ließ.

Nach dem ersten Verbot von vier Jahren lockerte sich die Atmosphäre, im Jahr 1964 öffneten sich die Gefängnisse … Es folgte 1968 … Das war eine Zeit, in der ich wieder viel veröffentlichte. Ein Buch nach dem anderen erschien und ich wurde eine bekannte Schriftstellerin.

Im Dezember 1984 erschienen in der Zeitschrift „Amfiteatru" (Amphitheater) vier meiner Gedichte. Die Redaktion hatte Gedichte von mir verlangt, wobei ich andeutete: „Ich glaube nicht, dass sie veröffentlichbar sind." Eine solche Aussage war üblich, da bekannt war, dass man Texte hatte, die man veröffentlichen, und solche, die man nicht veröffentlichen konnte. Bis heute weiß ich nicht, wie es dazu kam, dass die Gedichte, die schon bald danach einen öffentlichen Skandal auslösten, in die Zeitschrift aufgenommen wurden. Die Veröffentlichung und der folgende Skandal verwandelten sie in einen Samisdat (Verbreitung von alternativer, nicht systemkonformer Literatur durch Abschreiben und Weitergeben – Anm. der Übersetzerin). Die Menschen schrieben sie vielfach ab. Bis 1989 war mein Leben von der Veröffentlichung dieser vier Gedichte geprägt. Die schönsten Momente waren damals Begegnungen mit fremden Menschen, die auf ihr Herz zeigten und sagten: „Ich habe Sie hier.“ Damit meinten sie nicht das Herz, sondern die linke Brusttasche, in der sie eines meiner Gedichte aufbewahrten. Nach der Wende wurden mir unzählige Papierfetzen zugeschickt, Abschriften der „Amphitheater“-Gedichte.

Auch wenn ich nicht genau weiß, wieso die Gedichte veröffentlicht wurden, ahne ich warum: Die Zeitschrift „Amphitheater“ erschien zusammen mit „Viaţa Studenţească“ (Studentenleben), und im Dezember während der Ferien wollten die meisten Studenten und Redakteure verreisen. In jenem Durcheinander vor den Ferien hat keiner in der Redaktion mehr genau hingeschaut. Normalerweise musste der Chefredakteur oder der Chef vom Dienst unterschreiben, es gab aber nur eine Unterschrift: meine. Ich vermutete, dass viele der Redakteure mir deswegen nicht besonders gut gesinnt waren, da sie mir vorwarfen, sie ins Unglück gestürzt zu haben, obwohl ich sie gewarnt hatte, dass die Gedichte nicht ungefährlich seien. Nach der Wende aber sagten fünf oder sechs Personen zu mir: „Mir ist es zu verdanken, dass sie herausgebracht wurden. Die anderen widersetzten sich, ich aber kämpfte …“ Ehrlich gesagt, weiß ich es nicht. Meiner Meinung nach war es eher dem Zufall zu verdanken. Die Konsequenzen musste jedoch ich tragen, da ich nicht mehr veröffentlichen durfte.

Bereits nach 1977, nach dem Bukarester Erdbeben, begann ich Kinderliteratur zu schreiben. Als beim Erdbeben unser Wohnblock einstürzte, erlitt ich einen Schock, da mein Mann unter den Trümmern lag. Wie durch ein Wunder kam er davon. Danach war ich, trotz wiederkehrender Normalität, unfähig zu schreiben. Da wir keine Wohnung hatten, mieteten wir auf dem Lande, in der Nähe von Bukarest, ein Lehmhäuschen. Dort arbeiteten wir im Garten und wunderten uns als Stadtkinder, wie aus einem Samen, so klein wie ein Sandkorn, eine Blume wird, dann eine Frucht … Allmählich heilten meine Wunden, und ich begann wieder zu schreiben über Pflanzen, Tiere und über einen Kater „Steckzwiebel“ (Arpagic).

Das dritte und schlimmste Verbot von allen hatte ich nicht mir zu verdanken. Ich vollbrachte keine Heldentat, auch wenn es nach all den Jahren aus der jetzigen Perspektive zum Symbol für „Mut“ wurde. Es war aber kein Mut, sondern eher Naivität. Keinen Augenblick dachte ich daran, dass man im Verhalten des Katers „Steckzwiebel“, dem der Ruhm zu Kopf gestiegen war, einen Spott auf Ceauşescu wittern könnte. Die Anerkennung gebührt den Lesern, die aus Verzweiflung für alles sehr empfänglich waren, für jede Art von Anspielungen. Auf jeden Fall verschwand das Buch über den Kater „Steckzwiebel“ sofort aus den Buchhandlungen und wurde verboten. Ceauşescu wurde „Steckzwiebel“ genannt. Die Älteren erinnern sich bestimmt noch daran, dass man immer seinen Namen ändern musste, um über Ceauşescu sprechen zu können. Ja, so begann die Zeit meines dritten Veröffentlichungsverbots.

Meine Securitate-Akte

Meine Securitate-Akte ist nicht auffindbar. Es scheint, dass sie zerstört wurde, doch bin ich mir dessen nicht so sicher. Auf jeden Fall liegt sie mir bis jetzt nicht vor. Als ich hartnäckig blieb bei meiner Nachfrage, schickte man mir eine „Themenakte“: so erhielt ich Beiträge über den Sender „Freies Europa“, in denen mein Name vorkam. Obwohl mir diese bekannt waren, fand ich jedoch auch Interessantes, wie die Notiz, die General Vlad von der Securitate an die Leiter des Geheimdienstes in allen Kreisen des Landes schickte und sie aufforderte, dass alle meine Bücher aus den Buchhandlungen zurückgezogen werden und dass man ihm mitzuteilen habe, wie viele Exemplare eingezogen wurden. Die Antwort des Securitate-Chefs aus Temeswar war besonders lustig: Er war sehr betroffen, weil sich keine Ausgaben meiner Bücher mehr in den Buchhandlungen fanden. Er entschuldigte sich, dass die Bücher bereits alle verkauft waren!

Das dritte Verbot hielt bis zur Wende und traf mich auch physisch. Vor unserem Haus stand das Auto der Bewacher. Es begannen sich auch Gerüchte zu verbreiten, die anfangs unglaublich tückisch waren, später jedoch monströse Formen annahmen. Wir wohnten in der Nähe eines Radiosenders. Eines Tages traf ich dort jemand, der verwundert ausrief: „Was tust du hier?“ „Wieso?“, fragte ich, „Ich wohne hier.“ „Das weiß ich doch, nur hat mir jemand erzählt, er hätte dich gestern am Flughafen von Lissabon gesehen.“ Er hätte auch „auf dem Mars“ sagen können, denn damals war für mich Lissabon genauso unerreichbar wie der Mars und mir wurde bewusst, dass dieses Gerücht erklären sollte, warum ich nicht mehr veröffentliche. Als meine ständige Rubrik in der Wochenzeitschrift „România Literară“ nicht mehr erschien, wussten die Leser, dass ich nicht mehr veröffentliche. Man lieferte die offizielle Erklärung: Ich sei in Lissabon, deshalb veröffentliche ich nicht.

Da wir manipuliert wurden, entschlossen wir uns, ebenfalls zu manipulieren: Es war September und Zeit des Enescu-Festivals in Bukarest. Wir, mein Mann und ich, borgten uns Geld und kauften viele Karten und luden die gesamten Intellektuellen Bukarests ein, damit wir dort von allen gesehen werden, so dass keiner solche Gerüchte mehr in die Welt setzen kann. Die Gerüchte jedoch waren hartnäckig: Es sprach sich herum, dass wir einen Antrag zur endgültigen Ausreise gestellt hätten. Es war bekannt, dass jene, die ins Ausland wollten, viele Unannehmlichkeiten in Kauf nehmen mussten, aber diejenigen, die blieben, ihnen misstrauten oder sie beneideten. Es hieß: „Es ist leicht mutig zu sein, wenn man das Land verlässt.“

Das ist die Geschichte der Versuche, mir Veröffentlichungsverbote aufzuerlegen. Die Aussage Jean d'Ormessons: „Ein Intellektueller sei jemand, der die Wahrheit jenseits persönlicher Interessen sucht“, scheint mir eine der besten und genauesten Definitionen dafür zu sein. Ich hoffe, dass ich stets in diesem Sinne zu leben und zu schreiben versucht habe.

Von der Unschuld der Partei

Bevor ich die Analyse der Zensur in der Vergangenheit beende, möchte ich noch hinzufügen (besonders für jene, die die damalige Zeit, auf die ich mich beziehe, nicht miterlebt haben), dass Zensur nicht nur Wegstreichen bedeutete, sondern auch Hinzufügen, und das oft mit katastrophalen Ergebnissen. Mein erster Band (der Debütband einer dramatisch Vorbelasteten ohne die Möglichkeit sich zu verteidigen) begann mit dem Gedicht „Candoare" (Unschuld, Reinheit). Beim Verlag fand man es unveröffentlichbar und ich hatte mich bereits damit abgefunden. Groß war mein Erstaunen und mein Entsetzen, als bei Veröffentlichung des Bandes auf der ersten Seite das gleiche Gedicht mit der Überschrift „Der Partei" stand. Man erklärte mir, dass auf diese Weise das Gedicht „gerettet" wurde.

Die ökonomische Zensur

Zum Titel meines Beitrags: Während der erste Teil sich auf die ideelle, manchmal auch ideologische Zensur bezieht, ist im zweiten Teil von der ökonomischen die Rede, die manchmal nur einfache Zensur ist.

Ich lernte in den achtziger Jahren den englischen Schriftsteller John Brownjohn, Vorsitzender des englischen Schriftstellerverbandes, kennen, als er Rumänien besuchte. „Wenn Sie wüssten, wie sehr ich Sie beneide", sagte er. „Warum?", antwortete ich verwundert. „Für Ihren Status, den Sie als Dichterin in Rumänien haben." Darauf erwiderte ich: „Sie machen sich lustig über mich, Sie kommen aus einem freien Land, in dem man über alles schreiben kann …" (ich hatte damals Veröffentlichungsverbot). „Aber", wendete er ein, „wenn Sie eine Silbe aussprechen, spitzen alle die Ohren, um sie zu vernehmen und sie zu ergänzen … Ich kann mich bei uns mitten auf die Straße stellen und alle Wahrheiten über unsere Regierung und die Königin hinausschreien. Niemand wird mir zuhören, höchstens die Autofahrer, weil ich sie in ihrer Fahrt behindere."

Der totalitäre Staat mit seiner allgegenwärtigen Zensur hat somit bewirkt, dass zwischen Leser und Schriftsteller eine gewisse Verbindung hergestellt wurde, die Letzterem eine Aura verlieh, die danach erlosch. 1989, spätestens jedoch ein Jahr danach (das schreckliche Jahr 1990), war es für mich sehr schwer zu begreifen, dass die Freiheit des Wortes auch den Verlust seines Gewichts bedeutet. In einer Freiheit, die wir uns alle erträumten, hatte das, was ich sagte – und das war nicht weniger dramatisch und nicht weniger wahr –, lange nicht mehr die Bedeutung von früher. Das ist insofern selbstverständlich, weil das Gedicht früher Ersatz für so vieles war: So wie der Kaffee, den wir tranken, Ersatzkaffee war, so war das Gedicht Ersatz für Religion, Geschichte, Philosophie (weil dem Gedicht Metaphern zur Verfügung stehen, Vergleiche, in denen ein Vergleichsteil fehlt, der vom Leser ausgefüllt, erfunden, erdacht, erahnt wurde und auf diese Weise die Zensur austrickste). Während in der Freiheit alles seinen Platz einnimmt, blieben das Gedicht und seine Metaphern allein zurück, Gedichte wurden nur noch von einem kleinen, elitären Kreis gelesen. Es fiel mir schwer, das zu begreifen. Aber ich habe es verstanden und finde, das ist normal und nicht das, was davor war.

Der Markt als Seismograph

Den Markt als Seismograph der Werte zu verstehen, ist ein langer Weg, den ich so nicht akzeptieren kann. Vor kurzem nahm ich bei der Madrider Buchmesse an einem Diskussionspodium teil, auf dem, außer mir, nur Schriftsteller der postrevolutionären Generation saßen. Aus dem Publikum wurde mir die Frage gestellt, was ich von der Literatur nach der Revolution von 1989 halte: „Nach Überwindung der ersten Schwierigkeiten“, sagte ich, „wächst eine Generation heran, die sehr gute Literatur schreibt. Es gibt bedeutende Dichter und Prosaisten. Das Problem ist jedoch, dass es keine guten Kritiker gibt.“ Die wichtigen Kritiker der sechziger Jahre schreiben jetzt die Geschichte der Literatur, nachdem sie all die Jahre Woche für Woche jede Neuerscheinung rezensiert hatten. Jene, die jetzt Chroniken schreiben, schaffen es nicht, eine neue Werteskala zu etablieren.

Zu meiner Verwunderung antworteten mir die Kollegen neben mir auf dem Podium: „Das ist doch wunderbar! Die Zeiten der stalinistischen Kritiken, in der einer bestimmt, was gut und was nicht gut ist, sind vorbei. Jetzt entscheiden jene, die die Bücher kaufen.“ „Wird also der Wert eines Buches vom Markt bestimmt?“, fragte ich. „Kritik ist jedoch etwas, das nach der Veröffentlichung stattfindet, während die Gesetze des Marktes schon vor der Veröffentlichung zu funktionieren beginnen, um den Verkauf anzukurbeln.“ Wenn der Verlag es sich leisten kann, wirbt er in den auflagenstärksten Zeitungen ganzseitig und kündigt mit dem Buch, bevor es noch erschienen ist, bereits einen wichtigen Beitrag zur Gegenwartsliteratur an. Also bevor das Buch, außer vom Verleger, gelesen wurde, wird sein Wert bestimmt. Ist es das, was sich ein Schriftsteller wünscht?

1993 machte ich persönlich eine Erfahrung, die mich, wenn nicht traumatisiert, so doch in der Überzeugung gestärkt hat, dass es keine ideale Gesellschaft gibt. Wir, die wir mit Bewunderung Richtung Westen geblickt haben, mussten feststellen, wie übertrieben unsere Vorstellungen waren. Der Westen kannte uns nicht, weil wir ihm gleichgültig waren, wir kannten den Westen auch nicht, weil wir ihn idealisierten. Meine Erfahrung war folgende: Nach 1990, jedoch schon während meines Schreibverbots, wurden meine Bücher in verschiedene Sprachen übersetzt. Zurzeit sind 48 meiner

Bücher in 24 Sprachen veröffentlicht. In kurzer Zeit erschienen in Deutschland drei meiner Bücher. Man schlug vor, meinen Roman, die „Applausmaschine", zu übersetzen. Nach einigen Monaten bereits erhielt ich die deutsche Fassung des Romans. Der Unterschied war, dass diese Fassung anders endete als mein Buch. So erfuhr ich, dass hundert Seiten gestrichen wurden. Hundert Romanseiten, ohne mein Einverständnis einzuholen und ohne mir Bescheid zu geben! Als ich protestierte, antwortete der Verleger etwas zynisch, dass er nicht ahnen konnte, dass meine 350 Seiten in deutscher Übersetzung 520 Seiten ergeben würden. Jedes Buch jedoch mit mehr als 350 Seiten sei für ihn ein finanzieller Verlust. Ich weiß nicht, ob ich einverstanden gewesen wäre, wenn er mich vorher gefragt hätte. Auf jeden Fall hätte ich anders, intelligenter gekürzt.

Der Verleger hatte, wie bei einer Salami, einfach das Ende abgeschnitten. Er strich die letzten Kapitel. Ich bin nicht imstande in Rumänien jemand anzuzeigen, geschweige denn in Deutschland. Mir blieb also nichts anderes übrig, als mich in Interviews zu rächen. Ich erzählte allen, dass ich ein Leben lang gegen die politische Zensur gekämpft habe und manchmal sogar einen Sieg davontrug. Jetzt befinde ich mich aber vor der ökonomischen Zensur, gegen die ich keine Waffen habe.

In diesem Sinne sollten wir nicht vergessen, dass die Schriftsteller einer anderen Welt, einer unabhängigen – der Welt ihrer Bücher angehören. Diese Überzeugung muss heute wie früher erhalten bleiben. Wir müssen weiterhin für unsere Unabhängigkeit kämpfen. Ich bin überhaupt nicht damit einverstanden, dass wir von den Parteien erwarten, etwas für uns Schriftsteller zu tun. Es gibt eine einfachere Lösung: die Unterstützung der Bibliotheken (der Akademie, der Universität, der Schulen, der Gemeinden und Stadtviertel) mit Geld, damit sie in der Lage sind, Bücher zu kaufen. Dann können alle lesen, auch jene, die kein Geld haben, um sich teure Bücher zu kaufen. Den Verlagen ginge es dann wirtschaftlich besser und sie könnten die Schriftsteller bezahlen, die wenig für ihre Bücher bekommen.

Wir sollten unsere Freiheit und Unabhängigkeit verteidigen, die heute anders als früher gefährdet sind. Vergessen wir nicht, wenn wir uns verteidigen, verteidigen wir unsere Leser, die heute einer Gehirnwäsche anderen Ausmaßes als im Kommunismus ausgesetzt sind. Damals haben wir uns gewehrt, jetzt freuen wir uns, unterhalten zu werden. Deshalb sollten wir weiterhin wachsam bleiben und stets unserer eigenen Bestimmung gerecht werden.

Solidar, solitär

Die Wörter „solidar“ und „solitär“ sind meiner Meinung nach Antonyme. Man kann einsam sein und zur gleichen Zeit Solidarität mit Menschen in seiner Umgebung zeigen; man kann gesellig sein und trotzdem in der Umwelt, in der man lebt, verschwinden. Finden wir nicht heute in den Geheimdienstakten der Securitate die vielen „netten Jungs“, die hart daran arbeiteten, um „das soziale Gefolge“ eines Solitärs zu sprengen, als Strafe für seine Solidarität mit dem Leid anderer? Als Schriftsteller definiert man sich in beiden Begriffen: dem der Einsamkeit - gleich Isolation - als physische Voraussetzung für das Schreiben, als auch in der Solidarität mit der kollektiven Trauer, als moralische Voraussetzung des Schreibens.

Die Antonyme der Solidarität sind zuerst der Argwohn und andererseits die Gleichgültigkeit. Es ist seltsam, dass beide Begriffe sehr unterschiedlich sind, fast Gegensätze. Der Argwohn oder Verdacht setzt die Obsession des anderen voraus, Gleichgültigkeit bedeutet Ignoranz des anderen. Und trotzdem beobachten wir, dass sich nach fast fünfzig Jahren Kommunismus, in denen unsere Solidarität in angstvollen Verdacht aufgelöst wurde, unsere Achtlosigkeit gegenüber anderen, aber auch uns selbst gegenüber in den folgenden zwanzig Jahren als effektiver Antikoagulans darstellte. Zu meinen Überzeugungen vor 1989 gehörte, dass die Freiheit keinen wahren Wert besitzt, solange Solidarität unmöglich ist - und sie war damals unmöglich, da es ein Gesetz gab, das ein Treffen von mehr als drei Personen verbot.

Ein Protest, der nicht bekannt wurde und somit keine Unterstützer finden konnte, hatte nur einen einzigen Sinn: die Repression. Der Fall des Rumänen Radu Filipescu, der scheiterte, als er, heldenhaft genug, Flugblätter verteilte, und die Mitmenschen lediglich als Zeichen ihres Protest darum bat, einfach nur vorbeizukommen an einem bestimmten Ort, einem bestimmten Tag zu einer bestimmten Uhrzeit, als er seine Protestaktion öffentlich machte, war Lehre genug dahingehend. Er wurde gefangengenommen und zu zehn Jahren Haft verurteilt. Auf dem Markt war kein Mensch.

Ich erinnere mich an die vielen schlaflosen Nächte in den Jahren 1988 bis 1989, als wir gemeinsam Szenarien entwarfen, die dann logischerweise aufgegeben wurden, bevor sie Realität wurden, aus Mangel an Sinn. Ich stellte mir vor, wie ich auf dem Weg zum Platz des Regierungspalastes Flugblätter zwischen die Wohnblocks um den Platz warf, und konnte mir nicht vorstellen, wie diese Blätter auf den Asphalt herunterwirbelten und die Menschen auf dem Platz eilig vorbeigingen und sich dabei komischerweise keiner herabbeugte, um ein Manifest vom Bürgersteig aufzuheben und zu lesen. Ein umso fragwürdigeres Ereignis, da keiner der Passanten den Mut hatte, sich zu bücken und das Papier aufzuheben, um seinen Inhalt wahrzunehmen. Die Schlussfolgerung dazu war, dass wir nach der Dezember-Revolution von 1989 der erhaltenen Freiheit die Solidarität hinzufügen mussten, wenn wir die Freiheit ausbauen wollten.

Die Unruhen auf dem Universitätsplatz gaben uns diese Gewissheit. Ich erinnere mich besonders daran, wie ich die erste Rede in meinem Leben auf dem Balkon des Palastes hielt und einen Satz sagte, der oft wiederholt werden sollte später, ohne dass er jemals die Schwelle zwischen Illusion und Realität überschritt. Der Satz lautete: „Die Solidarität ist der Superlativ der Freiheit." Ein Superlativ, der immer größer und unerreichbarer wird, je mehr die Zeit vergeht seither.

Ich glaube, dass Freiheit bei uns immer ein defizitäres Element war. Mihai Ralea[1] sagte, dass wir „ein Volk von Individuen sind, wo

1 Mihai Ralea (1896–1964), Philosoph, Psychologe, Soziologe, Literaturwissenschaftler, Autor von Abhandlungen über Soziologie, Literatur und Philosophie.

jeder auf eigene Faust handelt, um sich zu retten". Klingt das nicht aktuell? Aber die berühmte Phrase Herodots über unsere Vorfahren, die Daker[2]?

2 Von Herodot, dem antiken griechischen Philosoph und Völkerkundler, ist der Satz überliefert, dass die Daker die tapfersten und aufrichtigsten Thraker seien (Dacii sunt „cei mai viteji şi mai drepţi dintre traci") – eine im rumänischen Geschichtsunterricht oft zitierte Phrase.

Weltwirtschaftskrise als Vertrauenskrise

Am Beispiel Rumäniens: Der Unterschied zwischen der großen Wirtschaftskrise des letzten Jahrhunderts und der heutigen ist der totale Verlust des gegenseitigen Vertrauens unter den Menschen. Dieser Tage erzählte mir ein rumänischer Freund eine Geschichte aus seiner Kindheit, an die er sich anlässlich der aktuellen Finanzkrise erinnerte: Während der Weltwirtschaftskrise von 1931 bis 1933 forderte man von den Intellektuellen seines Heimatdorfes in den Südkarpaten, den orthodoxen Priestern und den Lehrern, zu denen auch seine Eltern zählten, dass sie für sechs Monate freiwillig auf ihren Lohn verzichten mögen. Zuwendungen wie Gemüse, Obst, Hühnerfleisch u. a. erhielten sie von den Bauern des Dorfes. Die Eltern meines Freundes erzählten später stets mit großem Stolz von diesem Verzicht, den sie gern und aus dem patriotischen Gedanken heraus, etwas Gutes für ihr Land in schweren Zeiten zu tun, vollbracht hatten.

Wenn wir diese Geschichte jedoch in den Rahmen der heutigen Wirtschaftskrisensituation in unserem Land stellen, so ist es fast unvorstellbar (außer man lässt sich als Trottel abstempeln oder gibt sich der Lächerlichkeit preis), dass ein Arbeitnehmer für ein halbes Jahr auf sein Gehalt verzichtet, um der Regierung zu helfen, aus der finanziellen Talsohle herauszukommen. Und sollte solch ein Freiwilliger – was fast absurd erscheint – doch noch gefunden werden, so wäre diese Hingabe als Bürgerpflicht für den Staat nicht zu rechtfertigen, wenn man bedenkt, was die Regierung mit dem ersparten Geld anfangen könne.

Der einzige Unterschied zwischen der großen Wirtschaftskrise des letzten Jahrhunderts und der heutigen, die sich im Wesen kaum voneinander unterscheiden, und die lediglich durch Krieg, Fremdbesetzung und die Revolution von 1989 getrennt sind, ist der totale Verlust des gegenseitigen Vertrauens unter den Menschen. Diese Weltwirtschaftskrise hat in Rumänien die Form einer Vertrauenskrise angenommen, welche unendlich schwieriger zu bewältigen ist. Allen Niederlagen, die wir erleiden, liegt dieser Vertrauensverlust zugrunde.

Die Erwartung, stets betrogen zu werden

Francis Fukuyama spricht von einer direkten Verbindung zwischen dem Grad des Vertrauens in einer Gesellschaft und dem wachsenden Wohlstand. Soziabilität ist für Fukuyama gleichbedeutend mit „Vertrauen“ innerhalb einer Gesellschaft. Wo kein Vertrauen ist, gibt es auch kein Wachstum. Bei uns herrscht die Überzeugung, dass alle anderen uns betrögen und jeder seinerseits sich nur durch Betrug wehren könne; und diese Überzeugung ist nicht nur Grundlage allen Bösen, sondern auch Grundlage der Armut. Die Erwartung, stets betrogen zu werden, ist deswegen noch zerstörerischer als der Betrug selbst wegen der sozialen Folgen und der Blockade eines Dialogs zwischen den verschiedenen Partnern in der Gesellschaft.

Gewiss ist ein psychologisches Phänomen dieser Art nicht von heute oder gestern. Ich weiß jedoch nicht, ob diese Eigenschaft unseres Volkes eine angeborene (genetische) ist; sie hat auf alle Fälle aber einen historischen Hintergrund: Die Tatsache, dass im Rumänischen die Bezeichnung „tölpelhaft einfältig sein“ („a fi fraier“, das von dem deutschen Wort Freiherr stammt) unendlich infamer und entehrender ist als das „hinterlistig schlau sein“ („a fi smecher“ – auch aus dem Deutschen Feinschmecker hergeleitet) oder gar „Dieb sein“ oder „es faustdick hinter den Ohren haben“ (im Rumänischen heißt es „a fi ’ot“) spricht unbarmherzig gegen uns.

So betrachtet waren wohl die Eltern meines Freundes, die stolz auf ihr erbrachtes Opfer waren, ein paar bizarre und naive Ausnahmen. Oder strebten sie gegebenenfalls vor dem historischen Hintergrund von 1918, als das kollektive Bewusstsein sich in Rumänien neu herausbildete, eine Erfüllung ihrer Ideale an? Das Vertrauen, das sich jedenfalls nach dem Ende des Ersten Weltkriegs zwischen dem rumänischen Staat und seinen Bürgern aufgebaut hatte, stärkte das kollektive Bewusstsein, das jedoch in den folgenden Jahrzehnten ohne Mitleid wieder vernichtet wurde. Leider war 1989 hier kein Neuanfang wie damals 1918. Alle Illusionen wurden rasch zerstört. Somit ist keine Soziabilität, kein noch so minimaler Sozialpakt mehr möglich, da er gegenseitiges Vertrauen voraussetzt. Was jedoch ist ein Rechtsstaat ohne Sozialpakt?

Das Wort „Krise“ auf Chinesisch

„Wer sie kennengelernt hat, spricht nicht über sie, wer über sie spricht, hat sie nie kennengelernt“, sagt eine Zen-Weisheit über die „eine Wirklichkeit“. Das trifft natürlich auch auf Gedichte zu. Eine Aussage, die jeder Literaturkritiker subversiv fände. Nicht im Zentrum der Welt, sondern in ihr zu sein, ist das höchste Ideal. Der griechische Omphalos ist kein nationales Gut, sondern ein göttliches. Er gehört nicht dem Land der Hellenen, sondern Apollon.

Es genügt, an Literatur zu denken, nicht als Lebens-, sondern als Überlebenserfahrung, um der so oft widersprochenen Idee des Widerstands durch Kultur einen Sinn zu geben. Genau so wie die menschliche Gehirnkapazität nur in sehr kleinem Maße im Prozess des Lebens und des Denkens genutzt wird und der größte Teil brachliegt, genau so verliert sich der größte Teil der Menschheit in einfachen biologischen Prozessen und nur ein winzig kleiner Teil bemüht sich, einen Schritt jenseits des Verdauungs- und Reproduktionsapparates zu tun. Ist das deprimierend? Vielleicht. Wäre jedoch ein mit allen Zellen funktionierendes Gehirn oder eine Menschheit aus lauter Intellektuellen nicht schwerer zu ertragen?

Die Mysterien der Antike, beginnend mit Dodona über Eleusis bis zu Delphi, sind schwer zu begreifen, egal ob sie zu naiv oder zu undurchsichtig für den modernen Menschen sind. Die Mysterien unserer Welt jedoch, sind diese leichter zu verstehen? Dabei denke ich nicht an die undurchschaubaren Rätsel der Willenskraft und der Fähigkeit, sich zu fügen, die in die Geschichte eingegangen sind, sondern an einen unscheinbaren Fall, entnommen einer Kuriositätenrubrik: Die Spezialität eines englischen Kunstfotografen (Spencer Tunick) ist es, nackte Menschenmengen in verschiedenen Positionen zu fotografieren. Er bestellt sie zu sich und sie folgen ihm willig zu Tausenden. Dafür reisen sie ihm sogar nach, von einem Land ins andere: nach Barcelona, London, New York, Lyon und so weiter. Und wenn man bedenkt, dass all diese Reisenden in ihrem Land Wahlrecht haben, das sie in die so instabile Schale der Demokratie werfen!

Ich war immer der Meinung, dass sich die Menschen einteilen in Erwachsene und solche, denen es gelungen ist, gleich wie unerklärlich auch immer, Kinder zu bleiben. Umso mehr fühlte ich mich wie vor den Kopf gestoßen von der Antwort eines Pfarrers, der gefragt wurde, was er aus den Beichten, die er sich in Jahrzehnten anhörte, gelernt habe: „Ich habe gelernt, dass niemand erwachsen wird." Eine Antwort, die mich veranlasste, mit viel mehr Wohlwollen auf die Menschen, die mich umgeben, zu schauen.

Das Wort „Krise" schreibt sich im Chinesischen mit zwei Buchstaben, die jeweils Gefahr und Opportunität bedeuten. Diese Entdeckung bereitete mir viel Freude, nicht nur, weil eine solche Bezeichnung weise ist, sondern weil sie mir meine eigene Art, die Dinge zu betrachten, bestätigt, meine Hoffnung, dass alles Böse sich noch zum Guten wenden kann, und dass wir nach Durchqueren der Wüste ernster und verantwortungsbewusster hervorgehen. Wie viele sind jedoch geneigt, diese Art der Opportunität anzuwenden?

Der Republik Moldau droht eine „totalitäre Demokratie“

Was seit Anfang Februar in der Republik Republik Moldau vor sich geht, ist über die Grenzen des kleinen Landes hinaus bedeutsam. Die ehemalige rumänische Provinz, infolge des Molotow-Ribbentrop-Paktes von der Sowjetunion einverleibt, erlangte 1991 als eine von 15 Sowjetrepubliken Unabhängigkeit. Die Linke und die Mitte-Rechts-Regierung, die seither an der Macht waren, versäumten es, dem Land die wirtschaftliche Eigenständigkeit zu sichern. 1992 löste sich die Enklave Transnistrien, wo die Sowjets die Energie- und Industrieproduktion konzentriert hatten, von der Republik Moldau. Und obwohl offiziell nicht anerkannt, wurde und wird Transnistrien von Russland schweigend geschützt. Von hier aus steuert Moskau die Energieversorgung der Republik Moldau und setzt damit die Politiker der Republik unter Druck. Die Versorgung mit Energie aus dem benachbarten Rumänien hingegen scheiterte, weil Bukarest den Willen dazu nicht aufbrachte. Auch ansonsten steuerten die Regierungen beider Länder einen gegensätzlichen Kurs.

So kam im Februar 2001 wieder die Kommunistische Partei an die Macht. Sie ließ keinen Zweifel an ihrer Absicht, die Republik Moldau der Union Russland–Weißrussland anzuschließen. Im August wurde Russisch entgegen der moldauischen Verfassung als „offizielle Sprache“ deklariert. Seither werden an den Bahnhöfen die Züge nur noch in Russisch ausgerufen. Russisch werde von allen verstanden, während die nationalen Minderheiten (Russen, Ukrainer, Gagausen, Bulgaren) kein Rumänisch verstünden, heißt es dazu. Obwohl die Rumänen (amtlich „Moldauer oder Moldowener“ genannt) 65 Prozent der Bevölkerung ausmachen und wegen des hohen Kinderanteils 81 Prozent der Schulkinder stellen, läuft die rumänische Sprache somit Gefahr, von der russischen verdrängt zu werden, die lediglich 13 Prozent der Leute sprechen. Nun wird sogar vorgeschrieben, Russisch als Pflichtsprache ab der zweiten Grundschulklasse einzuführen.

Dagegen demonstrieren seit dem 9. Januar 2002 auf dem Platz der Großen Nationalversammlung in Chişinău jeden Tag Tausende von Menschen. Sie fordern, Rumänisch als Staatssprache zu bewahren, wie es seit 1989 praktiziert wurde, ohne dass im staatlichen Schulunterricht die Sprachen der Minderheiten zu kurz gekommen wären. Die kommunistischen Behörden gehen mit aller Schärfe gegen die Demonstranten vor und beschuldigen sie des „Faschismus". Die Christlich-Demokratische Volkspartei (PPCD), die einzige anerkannte Oppositionspartei, wurde für einen Monat verboten. Das kommunistisch beherrschte Parlament hob sogar die Immunität dreier Abgeordneter der PPCD und ihres Vorsitzenden Iurie Roşca mit der Begründung auf, die Demonstrationen ohne Genehmigung organisiert zu haben. Einer der Abgeordneten, Vlad Cubriacov, wurde daran gehindert, zur Parlamentarischen Versammlung des Europarats in Straßburg zu reisen.

Dort hatte die rumänische Delegation einen Antrag eingereicht, der die Verstöße gegen die Menschenrechte in der Republik Moldau benannte. Die Regierung in Chişinău bezeichnete das als „Einmischung in innere Angelegenheiten", als „expansionistisch", „imperialistisch" und „faschistisch".

Eine Kommission des Europarates sprach unlängst in Chişinău und in Moskau vor. Zudem verlangte Walter Schwimmer, der Generalsekretär des Europarates, am 4. Februar von der Republik Moldau Auskunft darüber, wie man die Europäische Konvention für Menschenrechte umzusetzen gedenke. Nur ein einziges Mal wurde bisher der Artikel 52 der Menschenrechtskonvention vom Europarat angewendet: als es um Russlands Missachtung der Menschenrechte in Tschetschenien ging.

Die erste Reaktion auf die Vorhaltungen des Europarates erfolgte am 6. Februar: Der Justizminister bat die Regierung, den Beschluss, Russisch zur Pflichtsprache zu erklären, wieder aufzuheben. Dies wurde jedoch vom Parlament abgelehnt. Am 8. Februar annullierte Justizminister Ion Morei auch das Verbot der PPCD, obwohl es von der höchsten Kammer des Gerichts bestätigt worden war. Am 13. Februar ersetzte die Regierung den rumänischen Geschichtsunterricht in den Schulen durch die Geschichtslehre der Republik Moldau. Die Proteste verstärkten sich. Zehntausende Menschen zogen in Chişinău auf und forderten den Rücktritt der Regierung, die zwischen Trotzhandlung und Erfüllung der Forderungen der europäischen Gremien schwankt.

Die Situation im Lande bleibt ungewiss. Die demokratische Opposition wird weiter eingeschüchtert. Der polnische Politologe Adam Michnik sprach bei einem Besuch in Bukarest von einer „totalitären Demokratie“ in der Republik Moldau – von dem Paradoxon, dass durch freie Wahlen eine Partei an die Macht gelangt, die sich dann nicht scheut, mit undemokratischen Methoden einen „Marche-arrière“ (Rückschritt) in der Geschichte zu machen. Allerdings ist das keineswegs die erste Machtübernahme einer extremistischen Partei auf demokratischem Wege. Und was die innerethnischen Streitigkeiten zwischen Kommunisten und Nichtkommunisten betrifft, so sind diese geradezu typisch für das letzte Jahrhundert osteuropäischer Geschichte: In der Republik Moldau wurde nicht eine ethnische Minorität durch die Mehrheit unterdrückt, sondern die ethnische Mehrheit wurde fünfzig Jahre lang von der Minderheit mit kommunistischer Repression unterworfen. Vor kurzem fragte ein Journalist der bedeutendsten unabhängigen Tageszeitung der Republik Moldau, „Flux“, was davon zu halten sei, dass auf den Straßen die Geschichts- und Rumänischbücher von den Russisten verbrannt werden. Ich antwortete ihm, ich sei erstaunt, wie sehr die Situation in der Republik Moldau wieder einmal einen Vergleich zwischen Kommunismus und Faschismus nahelege und zeige, dass die Plagen des vergangenen Jahrhunderts keineswegs erledigt sind.

Die Theaterhelden Camil Petrescus

Ich lernte zu lesen, noch bevor ich zur Schule ging, und das Lesen von Büchern unter der Bank, während der Unterrichtsstunden, gehörte seit der Grundschule schon zu einer konstanten Sünde meiner Kindheit. Das Lesen war auch in meiner Familie ständiges Diskussionsthema, das Ungleichgewicht zwischen der Zeit, in der ich spielte, und jener, in der ich las, neigte sich zu Gunsten der Letzteren. Meine Eltern waren ständig bemüht, mir das Buch wegzunehmen und mich mit Gewalt nach draußen zu den anderen Kindern zu bringen. Es ging dabei nicht darum, was ich lese, in dieser Hinsicht hatte ich totale Freiheit (das hieß jedoch, dass ich viel zu früh Bücher las, die ich später, in einem anderen Alter, wieder lesen musste, eine Art Palimpsest von etappenweiser Lektüre und ihrem Verständnis), sondern wie viel ich lese. Alle, außer mir, waren der Meinung, dass ich viel zu viel las. So sah ich mich gezwungen, allerlei zu erfinden, um nicht gesehen zu werden (vom Lesen mit der Laterne unter der Decke, nachdem meine Mutter das Licht ausgemacht hat, bis zum Versteck auf dem Dachboden, wo sich immer eine Reserve von Büchern befand).

Das Gefühl, beim Lesen etwas Verbotenes zu tun, hat in meiner Kindheit und Jugend mit Sicherheit viel dazu beigetragen, dass ich mit Freude und höchstem Genuss las, und das hat meine Persönlichkeitsbildung beeinflusst. Sonderbar ist es schon, dass nicht ein Dichter mich (intellektuell und psychisch, nicht ästhetisch) beeinflusst hat, sondern ein Dramatiker. Die Rede ist von Camil Petrescu[1]. Seine Theaterstücke haben mich sehr geprägt, nicht seine Ro-

1 Camil Petrescu (1894 – 1957) ist einer der bedeutendsten rumänischen Schriftsteller. Er hat Gedichte und Dramen geschrieben und gilt als Begründer des modernen rumänischen Romans. Sein literarisches Credo, auf das Ana Blandiana im obigen Text anspielt, hat er so formuliert:

mane oder Gedichte. Noch bevor ich in einer Fremdsprache im Alter zwischen vierzehn und sechzehn Jahren, zu lesen begann, las ich die Texte der Theaterstücke so oft durch, dass ich ganze Szenen auswendig lernte. Ich hätte allein der Reihe nach jede Person der Stücke spielen können. Für kurze Zeit war ich empört darüber, dass niemand den Mut hatte, seine Theaterstücke, von denen angenommen wurde, dass sie für die Bühne untauglich sind, aufzuführen. Ich kokettierte mit der Idee, zum Theater zu gehen und zu beweisen, dass sie trotz oder gerade wegen ihrer Intellektualität spielbar seien.

Ich weiß nicht, ob ich Camil (ich nannte ihn schon immer so, wie einen Freund, ohne Familiennamen) dankbar sein muss, oder ob ich bereuen sollte, wie er mich gelehrt hat, den Ideenreichtum aufzuspüren und dafür bis in alle Ewigkeiten zu bezahlen. Ich habe jedoch nicht den leisesten Zweifel daran, dass viele meiner späteren Entscheidungen, die ich trotz bestehender Gefahren kompromisslos bis hin zur Lächerlichkeit, im Leben traf, meiner Liebe zu Gelu Ruscanu, de Ladima, de Pietro Gralla, Balcescu (Theaterhelden bei Camil Petrescu – Anmerkung der Übersetzerin) zu verdanken sind. Man könnte einwenden, dass der Schriftsteller in den fünfziger Jahren nicht auf der Höhe seiner Helden war.

Alles, was ich dazu sagen kann, ist, dass ich erst später in die literarische Welt gekommen bin und keine Gelegenheit hatte, ihn als Mensch kennenzulernen. Darüber bin ich sehr froh. Die Lektüre der erschütternden Stenogramme „Der Prozess des Genossen Camil", veröffentlicht von Ion Vartic[2], war für mich kein Grund, die

„Ja, ich habe Ideen gesehen … mit fiebernden Augen, sich von innen verzehrend, mit vergrößerter Seele, ich habe Ideen gesehen …" Von 1952 ist ein auf der Schreibmaschine getipptes Stenogramm erhalten, das festhielt, wie man Camil Petrescu dazu brachte, sein Auftragsstück zur Feier des 100-jährigen Geburtstags des Dramatikers Ion Luca Caragiale der stalinistischen Ideologie der Arbeiterpartei anzupassen.

2 Ion Vartic, Literaturwissenschaftler, veröffentlichte 1998 den Band „Der Prozess des Genossen Camil" – die o.g. Stenogrammabschrift ei-

Bewunderung, die ich in meiner Jugendzeit für ihn hegte, zurückzunehmen, sondern ein verstörender Beweis der Demütigungen, denen ein großer Schriftsteller von primitiven und analphabetischen Kollegen, hinter denen sich der bewaffnete Arm der Securitate befand, ausgesetzt wurde. Ich habe das Stenogramm jener, den Schriftsteller entblößenden Sitzung, fast weinend gelesen, so wie ich in meiner Jugend geweint habe, als ich seine Theaterstücke las. Ich habe es wie ein erschütterndes Drama gelesen, in dem Camil Petrescu die Rolle, wenn auch nicht bis zum Schluss, eines Helden von Camil Petrescu spielte.

Camil Petrescu hat mich nicht ästhetisch, als Schriftsteller, sondern als Mensch, der ich später wurde, geprägt. Und ich bin ihm unglaublich dankbar, dass er mich in meiner Jugend zu Unmäßigkeiten verführt hat und mich so davor bewahrte, mich einer Welt anzupassen, die nicht vom Ideenreichtum fasziniert ist, sondern Ideen manipuliert.

---

ner Redaktionssitzung der Zeitung „Viața Românească", wo Camil Petrescu tätig war. Das Buch sorgte für viel Diskussionsstoff in den Literaturgazetten des Landes.

Ein spitzer Winkel

Wenn man das Leben eines jeden Einzelnen von uns grafisch als Pyramide darstellen würde, also eines mehr oder weniger eckigen Winkels mit der Spitze nach oben, dann kann man über den ersten Abhang sagen, dass er uns unendlich scheint und wir ihn so schnell wie möglich hochsteigen möchten. Ich erinnere mich an die Ungeduld, mit der ich erwachsen werden wollte, während wir alles unternehmen, um den zweiten Abhang so langsam wie nur möglich hinunterzusteigen. Wie langsam? Das ist die Frage. Dabei geht es nicht nur um die Geschwindigkeit des Konsums, sondern auch um den Inhalt der Konsumgüter. Offensichtlich verändert sich dieser Inhalt, er ist nicht unabänderlich.

Wer könnte zum Beispiel behaupten, dass die Zeit zwischen Geburt und dem dreißigsten Lebensjahr die gleiche ist wie jene zwischen dem dreißigsten und sechzigsten Lebensjahr? Auf dem ersten Abhang schiebt sich der Stein des Schicksals langsam zwischen den riesigen Zeitmolekülen nach oben, während er, nach Erreichen der Spitze, fast gefährlich durch die zerkleinerte, zu Sandkörnern verwandelte Zeit zu purzeln beginnt. In der Kindheit schienen mir die Ferien unendlich lang, und jetzt, kaum wache ich auf, ist es schon Abend. Damals las ich von morgens bis abends und ich betrachtete meine Lesestunden nicht nur als Vergnügen, gar Wollust, sondern auch als Gewinn. Heute erscheint mir der Bücherberg neben meinem Bett nicht mehr nur ein Vergnügen. Ich betrachte ihn auch voller Reue mit dem Wissen, dass mir das Lesen wertvolle Lebenszeit raubt. Obwohl mir bewusst ist, dass die Beschleunigung der Zeit eine objektive Sache ist, die nicht nur mich betrifft oder Menschen meines Alters, sondern es sich um einen Prozess des gesamten Universums handelt, kann das nicht als Anzeichen dessen gesehen werden, dass sich die ganze Welt auf der Abstiegsseite befinde oder dass das Universum alt sei?

Was hat sich eigentlich geändert? Das Nichtsein, das sich in der Kindheit in der Vergangenheit befand, vor der Geburt also, befindet sich nun in der Zukunft. Die Logik der Analyse beeinflusst den Lauf der Dinge nicht, auch wenn sie die Angst vor dem Unbekannten nimmt. Natürlich, nicht vor dem Verschwinden habe ich Angst, sondern ich befürchte, nicht mehr imstande zu sein, das zu tun, was ich bis zu meinem Verschwinden tun möchte. Manchmal frage ich mich, ob die Tatsache, eigentlich keine Furcht vor dem Tod zu spüren (die im Laufe der Zeit all meine Ängste zu Staub werden ließ und aus der all meine Kühnheit quoll), eine Form des Unbewussten, der Mangel an Phantasie oder lediglich eine bizarre Psychologie ist? Vielleicht, weil ich nie dem Tod sehr nahe war, fürchte ich mich nicht, mich ihm zu nähern? Wie kann ich jedoch so etwas behaupten? Ich entkam dem Erdbeben in Bukarest, überlebte einen Autounfall und eine Krankheit, die sich an der Grenze zwischen Sein und Nichtsein entwickelte. Und dennoch haben sich weder meine Aussicht noch meine Gefühle dadurch neu definiert. Ich spürte damals, dass der Tod nicht für mich da war. Bedeutet das, dass ich einmal anders empfinden werde, wenn der Abhang sich so stark neigt, dass ich beim Herabrollen die Kontrolle verliere und plötzlich erkennen werde, dass ich der Ewigkeit entgegenrenne, als ob ich sie bereits aus einem anderen Tod kennen würde? Oder reagiere ich lediglich logisch, nicht vom Gesichtspunkt des zeitbedrohten menschlichen Körpers, sondern vom Gesichtspunkt der unsterblichen Seele, die die Überschreitung der Schwelle zur Ewigkeit und zur Nachwelt kaum wahrnimmt …

An einer Bushaltestelle

Vor kurzem erinnerte ich mich an eine seltsame Entdeckung, die ich vor Jahren in Berlin gemacht und über die ich seinerzeit in einer deutschen Zeitung geschrieben habe. Die Rede ist von einer aufregenden Schlussfolgerung, die ich zog, während ich durch die Straßen Berlins ging, die Menschen betrachtete und rätselte, ob sie aus dem östlichen oder westlichen Teil der Stadt kommen. Zweifelsfrei konnte ich die Menschen aus dem Osten erkennen an der unruhigen, demütigen Tiefe ihrer Blicke, Ausdruck einer inneren Unruhe, eines fehlenden Selbstbewusstseins, ein Gemisch aus Scham und Unsicherheit, das ich nur allzu gut von zu Hause kannte. Die Erkenntnis, die sich mir erschloss, gleich wie seltsam sich das anhören mag, ist, dass das, was ich in den Augen der Menschen aus dem Osten sah, nichts mit dem Kommunismus zu tun hatte, sondern mit seinem Ende. Der Schrecken von jetzt war keine Fortsetzung des vorherigen, im Gegenteil, es war ein Gefühl, das im luftleeren Raum, der nach seinem Verschwinden zurückblieb, entstanden ist. Der Mensch aus dem Osten war ein Mensch, hinter dessen Rücken plötzlich ein System weggebrochen ist.

Wie ein Körper, der viel zu lange in einem Korsett eingeengt war, dessen Muskeln dadurch schlaff geworden sind, keine Reflexe mehr haben und nicht mehr elastisch sind, so dass dieses Korsett nicht nur Einengung, sondern auch Stütze bedeutet, so wird auch das Individuum, das Jahrzehnte in einem totalitären System gelebt hat, abhängig vom System. Das Verschwinden der Struktur, einengend, aber stützend, lässt ein Ungleichgewicht in seiner Welt, in der er einen nicht unbedeutenden Platz eingenommen hatte, auftreten und hinterlässt ein nacktes (weil jedes Korsett auch ein Kleidungsstück ist) Individuum, das unfähig ist, aus eigenem Antrieb zu handeln und Verantwortung, auch für sich, zu übernehmen.

Die Unsicherheit, die sich in Unruhe und die Unruhe in Schrecken verwandelte, war nicht Ausdruck eines Nachtrauerns nach dem Verschwundenen, sondern die Unfähigkeit, den leeren Platz zu füllen. An all das erinnerte ich mich vor kurzem, als ich auf einem Bukarester Boulevard an einer Bushaltestelle wartete und Fußgänger und Autofahrer beobachtete. Auch hier konnte ich leicht feststellen, bei wem das Wegbrechen des vergangenen Systems (gleich wie repressiv es war) Hilflosigkeit hervorruft und für wen es weiterhin (gleich wie verwandelt) existiert und als Stütze dient. Diesmal jedoch ging es nicht um Menschen aus zwei verschiedenen politischen Systemen, sondern um Bewohner des gleichen Landes, der gleichen Stadt, mit gleicher Geschichte, in der sie verschiedene Rollen gespielt haben und immer noch spielen.

Einige litten damals an Kälte, Hunger und Angst, jetzt leiden sie an der Unsicherheit des morgigen Tages und an den Demütigungen und Manipulationen politischer und wirtschaftlicher Interessen. Die anderen, die damals schon Nutznießer ihres Opportunismus waren, verwandeln diesen heute in Opportunität und ihre schuldhaften Beziehungen in recht lohnbaren Profit. Es ist schon seltsam, welch günstiger Ort eine Bushaltestelle ist, um zu beobachten, dass sich die verändernde Welt, gleich wie unterschiedlich, aus den gleichen Scherben immer neu zusammenfügt.

Eis-Architektur

Ich bin überzeugt, dass diese Erinnerung an das Schriftstellerhaus in Neptun am Schwarzen Meer keiner anderen Begebenheit eines Schriftstellers dort ähnelt. Das aus dem einfachen Grund, dass meine Erinnerung an eine Festlichkeit im Januar zurückgeht. Der Wunsch, das Meer im Winter zu sehen, entstand bei mir seit meiner Kindheit, als ich – zusammen mit meinen Eltern einst am Strand von Eforie – jemandem zuhörte, der erzählte, wie das Meer im Winter einfriert, wie die Wellen in voller Bewegung erstarren und zu durchsichtigen Reliefformen werden. Zumindest hatte ich als Kind die wundersame Erinnerung bewahrt und begann, mir die Hügel und Berge aus Glas vorzustellen, unter denen das Brummen der Tiefe sich erstreckt. Aber natürlich wollte keiner mit mir im Winter ans Meer reisen.

Als ich Jahre später immer wieder zwei Wochen lang ins Haus der Schriftsteller nach Neptun fuhr, wurde mein Traum reaktiviert und durch den Wunsch ergänzt, in dieser von mir erträumten Einsamkeit zu schreiben. Als ich sodann erfuhr, dass die Villen am Meer, obwohl sie im Winter unbewohnt blieben, ständig geheizt werden müssen, da sich sonst der Schimmel im Innern ausbreitet, dachte ich, dass es doch ganz einfach möglich sein müsste für mich in einem der Zimmer, mit einem Fenster zum Meer, in dieser verlassenen Villa zu bleiben und zu schreiben. Allerdings brauchte es ein Jahr, bis es mir gelang, den Schriftstellerverband zu überzeugen, dass sie den Schriftstellern, die im Winter am Meer schreiben möchten, erlauben mögen, dort zu wohnen. Es war aber umso schwieriger, als sich herausstellte, dass es nur einen einzigen Schriftsteller mit diesem Wunsch gab: mich.

Man teilte mir mit, dass ich einsam sein werde in der gesamten Stadt, aber ich erklärte ihnen, dass ich lediglich die Einsamkeit in

Wörter verwandeln möchte, mit denen ich meine leeren Seiten fülle. Ich glaube zuletzt gab man auf und erlaubte mir deshalb zu fahren, da man, überwältigt von meinem Beharren, überzeugt war, dass ich nach wenigen Tagen besiegt und erschrocken zurückkehren werde. Ich blieb viel länger dort – eine der fantastischsten Perioden meines Lebens. Als ich im Zug saß, der die rumänische Tiefebene Richtung Dobrogea durchstreifte, begann es zu schneien. Der Wind wirbelte die dicken Schneeflocken bedrohlich durch die Luft. Als ich in Mangalia ankam, war der Sturm so heftig, dass ich nicht allein die Zugtür öffnen konnte. Als ich ausstieg, hatte der Wind mein schweres Gepäckstück in einen Schlitten verwandelt, dem ich auf dem eisigen Unterboden nachrannte. Die Kilometer, die mich von Neptun trennten, gelang es uns nur schwer mit dem Auto zu bewältigen, das auf einer weißen Fläche dahinschwebte, ohne zu wissen, ob es sich nun vorwärts bewegte oder von der Straße abgeglitten war. Ich bin schließlich zwischen Bangen und Begeisterung angekommen.

Der Verwalter der Villa, der mich bereits erwartete, gab mir die Schlüssel und half mir, mein Gepäckstück, das unglaublich schwer war, in die erste Etage zu bringen. Ich hatte einen Koffer voll mit Büchern, Schreibpapier, Tee, Zucker, Nesscafé, Salami, Käse, Kekse, Schokolade, Tütensuppen und einen Heizstab. Als ich allein zurückblieb und mich in einem der Zimmer im alten Teil des Hauses eingerichtet hatte (den ich im Sommer nie im Traum gewagt hätte zu besetzen), hatte ich für einen kleinen Moment das Gefühl, dass ich nicht allein bin, sondern dass sich noch jemand neben mir befand. Dann entdeckte ich das Geräusch, den riesigen Lärm, den die Wellen, die gegen das Ufer schlugen und dort zerbrachen, machten. Ich war nicht allein. Ich war mit dem Meer zusammen. In der ersten Nacht konnte ich wegen des Meeresgeräusches nicht schlafen.

Als der Tag anfing und es hell wurde, sah ich, dass die Wellen den gesamten Strand eingenommen hatten und sich weit über die Klippen am Strand erhoben bis zur Höhe meines Stockwerks.

Durch die Schneedecke sahen sie wie übernatürliche Wesen aus, vor denen ich jedoch keine Angst hatte. Ich fühlte mich eher geschmeichelt von ihrer Nähe. Der Sturm, der Lärm und das Schneetreiben hielten noch weitere drei Tage an. Dann kehrte Ruhe ein und der Frost setzte sich fest. Die Wellen erstarrten in ihrem Wellenschlag, fast durchsichtig; der Park unter meinem Fenster erhob sich über ein Meter hoch weißbedeckt. Und über all dies breitete die Sonne bedrohlich ihre Strahlen aus. Ohne Spuren einer Sanftheit erschien alles zauberhaft schön. Ich schrieb und schrieb ohne Unterbrechung, stundenlang – ohne Hunger und ohne Müdigkeit.

Kann man Erinnerung lernen?

Der Gedenkstätte Memorial Sighet möchte ich in meinem Leben den Stellenwert eines Buches geben, denn sie ist ein Handbuch der Erinnerung, eine Fibel, die uns das ABC der Erinnerung lehrt. Denn der größte Sieg des Kommunismus – dessen Bedeutung auf dramatische Weise erst nach 1989 zu Tage trat – war die Schaffung eines neuen Menschen: ein Mensch ohne Gedächtnis, der sich nach einer Gehirnwäsche nicht mehr daran erinnern sollte, was er vor dem Kommunismus war. Das Gedächtnis, eine Form von Wahrheit, musste zerstört werden, um die Wahrheit manipulieren zu können. Diese Manipulation – ein Verbrechen an der Natur und der Geschichte – war das Hauptwerk des Kommunismus.

Die Schaffung einer Gedenkstätte in Sighet war kein Selbstzweck, sondern ein Mittel. Wir haben uns nicht vorgenommen, ein museografisches Meisterwerk zu errichten, indem die Verbrechen der jüngsten Geschichte in wissenschaftlicher und künstlerischer Form auf Regalen arrangiert werden, damit sich der Staub der Gleichgültigkeit unserer Zeit beeilen kann, sich darauf niederzulassen. Wir haben eine Möglichkeit gesucht, die kollektive Erinnerung wieder auferstehen zu lassen, ein Instrument, um ihre Bedeutung wiederherzustellen für eine Generation, die man einer Gehirnwäsche unterzogen hatte, die nicht mehr wusste, woher sie gekommen war oder wohin sie ging, die nicht fähig war, den nachfolgenden Generationen das weiterzugeben, was sie weiterzugeben hatte.

Die Gedenkstätte für die Opfer des Kommunismus und des Widerstandes besteht aus zwei einander ergänzenden Teilen: dem Museum und dem Internationalen Zentrum für Studien über den Kommunismus, das dem Museum vorsteht und die Veranstaltungen organisiert, seien es Diskussionen, Kolloquien, Konferenzen und, allen voran, die Sommerschule, seien es Forschungsprojekte, die in der Verlagsabteilung, der Abteilung für Oral History und dem Archiv entwickelt werden.

Das Memorial in Sighetu Marmaţiei, der Kleinstadt im äußersten Norden Rumäniens nahe der ukrainischen Grenze, wurde auf den Ruinen eines ehemaligen politischen Gefängnisses errichtet. Nach dem Zweiten Weltkrieg wurde das Gefängnis eine Zeit lang von den Sowjets verwaltet, bevor es als „Durchgangslager" für von den rumänischen Geheimdiensten untersuchte Jugendliche genutzt wurde. Von 1950 bis 1955 waren dort mehr als zweihundert Würdenträger, Akademiker und Priester inhaftiert (die meisten von ihnen ohne einen Urteilsspruch), gut versteckt, zwei Kilometer von der sowjetischen Grenze entfernt, damit sie nicht etwa infolge einer Revolte hätten befreit werden können. Um die Anwesenheit so vieler Menschen ohne rechtskräftige Verurteilung zu rechtfertigen, galt das Hochsicherheitsgefängnis von Sighet offiziell als „Arbeitskolonie". Während der fünf Jahre starben dreiundfünfzig von zweihundert Gefangenen als Opfer eines Vernichtungsprogramms (die Gefangenen waren fortgeschrittenen Alters, der älteste war 91 Jahre alt).

Warum haben wir eine Gedenkstätte in Sighet eingerichtet, obwohl es noch andere, größere, bekanntere und vielleicht sogar schrecklichere Gefängnisse gab? Die Antwort ist einfach: Weil Sighet der Beginn war. Weil es der Ort ist, wo, mit fast theoretischer Klarheit, die Prozesse und Etappen der Repression offen in die Praxis umgesetzt wurden, die, um wirklich effizient zu sein, allen voran die Elite des Landes vernichten musste. Sighetu Marmaţiei war der Ort, an dem die Ausrottung der politischen, kulturellen, religiösen, aber auch der sozialen, beruflichen und moralischen Elite ihren Ausgang nahm. In Sighet köpfte man prophylaktisch die Spitzen der Elite aus allen Bereichen und versuchte jegliche Möglichkeit, die Zivilgesellschaft wieder aufzubauen, zu eliminieren.

Dieselbe Stadt, Sighet, hatte bereits zehn Jahre zuvor Schreckliches durchgemacht: Im April 1944 wurden von den deutsch-ungarischen Behörden (infolge des Diktats von Wien, dem sogenannten Wiener Schiedsspruch, war der Norden Siebenbürgens 1940 von Ungarn besetzt worden) Juden in die Konzentrations- und Vernichtungslager Buchenwald und Auschwitz deportiert. Heute gibt es dort eine Gedenkstätte für den Nobelpreisträger und Holocaustüberlebenden Elie Wiesel, der 1928 in Sighet geboren wurde. Sighet war auch der Ort, an dem später die Deportierten aus der UdSSR, völlig erschöpft, wieder in Rumänien angesiedelt wurden. Die Stadt hat viele Tragödien erlebt und kann uns zeigen, welche Dimensionen die Repressionen des Totalitarismus erreichen können, sei er braun oder rot. Darüber hinaus ist das Gefängnis von Sighet – wie jedes ehemals kommunistische Gefängnis – ein Symbol für die Verletzung des Rechts auf Leben, Freiheit und Eigentum sowie auf die freie Ausübung aller anderen Rechte durch eine politische Minderheit, die Nomenklatura.

Im Jahre 1993 legten wir dem Europarat unser Projekt vor, das zum Ziel hatte, aus dem ehemaligen Gefängnis eine internationale Institution des Gedenkens an die kommunistische Unterdrückung zu machen. Der Europarat stellte das Vorhaben unter seine Schirmherrschaft. Das Gebäude wurde uns von der Stadt Sighet zur Verfügung gestellt. Am Anfang kamen die Geldmittel von privaten Spendern, aus dem Exil.

Sighet – Ein dorniger Weg

Wir fanden im Laufe der Zeit Institutionen, die uns unterstützen, in den Vereinigten Staaten von Amerika, in Deutschland, in Frankreich („Association pour le Mémorial Sighet“ unter der Leitung von Maria G. Brătianu); auch wurde in den ersten Jahren die Mitarbeit ausländischer Historiker vom Europarat finanziert. In der Folge wurden wir auch vom National Security Archive (George Washington University, Washington, D.C.) sowie von der Konrad-Adenauer-, der Hanns-Seidel- und der Friedrich-Ebert-Stiftung unterstützt. 1997 erklärte das rumänische Parlament das Memorial zu einer „Stätte von nationalem Interesse“ und gewährte uns eine jährliche Zahlung von umgerechnet sechzigtausend US-Dollar, doch bleibt die permanente Finanzierung ein dorniger Weg. Gleichzeitig haben unsere Geldgeber niemals Bedingungen gestellt, wie das Museum zu verwalten wäre oder wie zu arbeiten sei. Die Restaurierung des Gebäudes, die Umwandlung des Friedhofes in eine Erinnerungslandschaft, der Bau eines Raumes, der zur Besinnung einlädt, und der Erwerb einer Reihe von Kunstwerken (die Statuengruppe „Der Opferzug“, ein Markenzeichen des Memorials) stellten die äußeren Phasen des historischen Projektes dar.

Der mühsamste Teil bestand in der Entwicklung einer wissenschaftlichen Methode, die Gefängniszellen in Museumssäle umzuwandeln. Die Ruine enthielt nur eine Inschrift und ein paar Gedenktafeln, die von der Gemeinde angebracht worden waren – und die noch dazu fehlerhaft waren. Wir beschlossen, neu zu beginnen. Aus den sechzig Zellen sind bis heute 52 Räume entstanden, in denen chronologisch und thematisch die 45 Jahre des Kommunismus in Rumänien behandelt werden, zum Beispiel: „Die Geschichte der osteuropäischen Länder“, „Die Fälschung der Wahlen 1946“, „1948 – das Jahr der Sowjetisierung“, „Die Gründung und Tätigkeit der Securitate“, „Die Auslöschung der Akademie", „Die Deportationen“, „Zwangsarbeit“, „Frauen im Gefängnis“, „Literatur im Gefängnis“, „Die Zerstörungen“.

Für diese Vorhaben benötigten wir eine große Datenbank, die wir seit 1993 verwirklichen konnten. Unsere Forschungsarbeiten oblagen unserem Zentrum für Studien über den Kommunismus; dessen wissenschaftliches Team bestand aus Thomas S. Blanton, Vladimir Bukovski, Stéphane Courtois, Dennis Deletant, Helmut Müller-Enbergs und den rumänischen Historikern (und ehemaligen politischen Gefangenen) Şerban Papacostea und Alexandru Zub, Mitglieder der Rumänischen Akademie. Zum Thema Zeitgeschichte (Oral History) haben wir mehr als dreitausend Stunden Tonbandmaterial gesammelt (von dem ein Teil dem Hoover Institut von Stanford, Kalifornien, überlassen wurde). In den Symposien von Sighet werden alljährlich die Jahre des Kommunismus „horizontal“ untersucht.

Die Sammlung „Die Annalen von Sighet“ umfasst Texte wissenschaftlicher Studien sowie Zeugenberichte. Schriftliche Dokumente werden auch in der Sammlung „Die Dokumente“ veröffentlicht, während in der „Bibliothek Sighet“ Studien und Memoiren veröffentlicht sind. In Seminaren haben wir zu verschiedenen, der Chronologie der Ereignisse entnommenen Themen die „Vertikale“ aufgestellt. Ein Projekt, das noch im Gange ist, widmet sich einer Bestandsaufnahme der Inhaftierten zwischen 1945 und 1989 auf statistischen und soziologischen Grundlagen, ausgehend von den dreiundneunzigtausend Haftzetteln, die derzeit im Archiv aufbewahrt werden. Die Bestände sind auch elektronisch erfasst, CDs enthalten Aufnahmen der mündlichen geschichtlichen Zeugnisse.

Methode und Geisteshaltung im Kommunismus

Hass und Fanatismus existieren auch nachdem die institutionellen Formen verschwunden sind, in denen sie gewuchert haben. Denn der Kommunismus ist zwar als politisches System untergegangen, nicht aber als Methode. Seine Analyse ist ein nicht nur für die Vergangenheit, sondern auch für die Zukunft nützlicher Prozess. Man denke nur daran, dass Mitglieder von internationalen terroristischen Organisationen in den sechziger, siebziger und achtziger Jahren in Lagern der Ostblockländer ausgebildet wurden und dass sie tschechische und sowjetische Waffen verwendeten. Die Auseinandersetzung mit dem Kommunismus und seinen Methoden kann auch als intelligentes Mittel zum Verständnis und zur Lösung vieler aktueller Probleme verstanden werden.

In diesem Sinne hat unser Projekt in den vergangenen acht Jahren mit der Sommerschule (Rektor Stéphane Courtois) eine Öffnung zur Zukunft vollzogen, indem die Forschung und die Darstellung der Wahrheit durch neue Wege der Übermittlung an die kommenden Generationen ergänzt wurden. Somit stellt das Memorial Sighet einen Ort und einen Weg dar, an dem Jugendliche, denen die düsteren Schatten einer gefälschten Vergangenheit nichts mehr anhaben können, heute erfahren, was ihnen ihre Eltern nicht zu erzählen wussten: Was sie sind als Resultat der historischen Entwicklung und was sie werden können als Geschöpfe ihrer selbst. Mit der Sommerschule wird das Museum lebendig – eine Institution der Erinnerung in einer organischen Bewegung, die von der einen zur anderen Lebensgeschichte schwingt und Wahrheiten beleuchtet, ohne die es keine Weiterentwicklung gäbe.

So wie die vertrockneten und verwelkten Pflanzen zu Humus werden, der neue Pflanzen nur in dem Maße nährt, in dem deren Keime den Nährboden erreichen, so erhalten in Sighet die Leiden der Eltern einen Sinn und können der Rohstoff für intellektuelles und moralisches Wachstum werden, indem sie in andere Leben Wahrheiten säen, für die Menschen ihr Leben gelassen haben. Mit der Sommerschule verlässt das Memorial als Gedenkstätte für die Opfer des Kommunismus die Mauern des Gefängnisses und erreicht die Köpfe junger Menschen, die bereit sind, die Geschichte zu verstehen, um sich selbst zu verstehen. Und wenn die Medien der Konsumgesellschaft, die eine größere Wirkung haben können als der Terror, nicht aufs Neue Gehirnwäsche betreiben, besteht die Chance, dass dieses Museum, errichtet über einem Brennpunkt geistiger Energien, auch in der nächsten Generation weiterlebt.

Das Museum, das täglich für Besucher geöffnet ist, hat viele Besucher, an manchen Tagen werden 700 Eintrittskarten verkauft. Vierzig Prozent aller Besucher sind Jugendliche; ebenfalls vierzig Prozent der Besucher stammen aus dem Ausland. Alle kommen aus Neugierde (vielleicht, weil sie es originell finden, ein Gefängnis von innen zu sehen), und viele verlassen das Museum mit Tränen in den Augen, entsetzt über die nackten Wahrheiten, die sie beim Durchschreiten der Räume entdecken mussten. Die Leistung des

Museums misst sich an der Zahl der Besucher und an den Spuren, die sie in den Gästebüchern hinterlassen. Dort dominiert das Gefühl, dass man mit den Informationen Denkanstöße bekommen hat. Wir wollten eine sensationslüsterne Darstellung der Geschichte vermeiden (das wäre der leichtere Weg gewesen!) und durch den Ernst des Dokuments, der Fotografie, der Statistik, des Zeugnisses überzeugen (manchmal sogar bewegen) und über Kunstwerke – auf eine nuanciertere Art als dies wissenschaftliche Daten tun können – das Leid vermitteln, das der Rohstoff unserer Forschung ist.

Eine tschechische Delegation unter der Leitung von Petruška Šustrová, ehemalige Sprecherin der „Charta 77", schlug vor, dass das Memorial jedem osteuropäischen Land einen eigenen Ausstellungsraum widmen sollte. Das haben wir umgesetzt: Derzeit gibt es einen Raum *„Solidarnosc"* sowie einen, der sich mit dem *„Prager Frühling"* und der Invasion der Tschechoslowakei 1968 beschäftigt, und es wird in Zusammenarbeit mit dem Budapester Institut der *„Revolution 1956"* an einem weiteren Raum gearbeitet, der eröffnet werden soll. Zwei Räume werden der *„Revolte von 1953"* in der DDR und dem *„Bau der Berliner Mauer"* (in Zusammenarbeit mit der Geschichtswerkstatt Jena e.V. unter Direktor Manfred Wagner) gewidmet sein sowie den bedeutenden sowjetischen Dissidenten der siebziger Jahre. Zudem hat das Memorial Ausstellungen aus der Moldau, Polen und der Tschechischen Republik beherbergt. Eine Wanderausstellung wurde bisher in zehn deutschen Städten präsentiert (www.memorialsighet.ro). Außerdem wird eine Wanderausstellung über den Kalten Krieg eröffnet und in Ungarn, Polen, Deutschland und in der Tschechischen Republik gezeigt.

Museum und zugleich Institut für Forschung und Lehre – durch die Verflechtung dieser drei Charakteristika in einer einzigartigen Institution ist das Memorial Sighet keine staatliche Institution, sondern eine Schöpfung der Zivilgesellschaft Rumäniens und der Beleg dafür, dass diese erfolgreich wiedergeboren wurde. Im Namen dieser Zivilgesellschaft, die auf perfide Weise zerstört wurde und die große Mühe hat, sich neu zu formieren, ist das Memorial Sighet kein Plädoyer für oder gegen eine bestimmte politische Couleur, sondern für die Notwendigkeit von Wahrheit und für den Respekt für den Menschen, den jeder Einzelne genießen sollte. Keine Ideologie kann ein Verbrechen legitimieren, und bei einem politischen Verbrechen geht es nicht um das Verhältnis zwischen der Rechten und der Linken, sondern um das zwischen Opfer und Henker.

Die Zerstörung der Erinnerung hatte sich der Kommunismus auf die Fahnen geschrieben. Im Unterschied zu allen weiteren Diktaturen und anderen Schrecken der Menschheitsgeschichte forderte er von seinen Untergebenen, sich zu unterwerfen, er verlangte von ihnen auch, glücklich zu sein, weil sie sich unterworfen hatten. Dieser Erniedrigung und Verirrung konnte nur die Erinnerung Einhalt gebieten, denn sie ist das Rückgrat jeder Gesellschaft. Wenn sie zerstört wird – und der Kommunismus hat das beinahe geschafft –, wird die Gesellschaft zu einer Art Monster ohne Rückgrat, ohne inneren Zusammenhalt, formbar nach den (kriminellen) Vorstellungen jedes X-Beliebigen.

Das Memorial Sighet ist ein Symbol für die Bedeutung und die Notwendigkeit der Erinnerung für die Existenz der Zivilgesellschaft. Ohne sie wird das Volk zur Masse und die Geschichte zu einer unglaublichen Erzählung von der Entstellung des kollektiven Geistes. Die Antwort auf die im Titel gestellte Frage ist daher ein entschiedenes Ja – nicht nur des Optimismus wegen, sondern auch, weil es der einzig mögliche Weg ist, uns vor der Vergangenheit zu retten.

Menschenrechte – zwischen Religion und Politik

Lässt man gelten, dass die historische Phase mit all den Begleiterscheinungen nach dem Zerfall der Sowjetunion und ihres Herrschaftsbereiches mit allen daraus resultierenden ethnischen Umgruppierungen in vielerlei Hinsicht mit dem Zusammenbruch des Römischen Reiches zu vergleichen ist, könnte man – auf einer etwas anderen Ebene – auch sagen, dass dann der Kampf um die Menschenrechte beim Untergang des einen Imperiums den gleichen Stellenwert hatte wie das Christentum beim Untergang des anderen. Zwar sind das Neue Testament und die Erklärung der Menschenrechte zwei unterschiedliche Dinge, so dass eine Gegenüberstellung riskant erscheinen muss, doch sie weisen zwei Parallelen auf, die den Vergleich rechtfertigen: der Altruismus beider gedanklichen Entwürfe und die Manipulierbarkeit ihrer Grundidee.

Ich will den Vergleich nicht weiterführen und mich auch nicht mit den Wandlungen befassen, die das Urchristentum auf seinem Weg zur Staatsreligion durchgemacht hat. Stattdessen möchte ich einige Nuancierungen beleuchten, die seit dem Untergang des sowjetischen Imperiums in der Diskussion über die Menschenrechte aufgetaucht sind. Denn genau an der Schwelle zum Sieg beginnt für eine Idee der kritische Moment. Keine andere Idee als eine siegreiche lässt sich leichter manipulieren.

Als 1948 die Organisation der Vereinten Nationen die „Allgemeine Erklärung der Menschenrechte" erarbeitete, war die Menschheit geraden einem Albtraum entronnen, in dem nun, mit wachen Augen betrachtet, sich das Böse nicht nur gegen die eine oder andere Gruppe von Menschen gerichtet hatte, sondern gegen alles Menschliche überhaupt. Dieser Einsicht folgend, suchte man also die riesige Hoffnung am Ende des Krieges, nach so viel Leid und Schuld wäre solch ein Wahnwitz auf immer gebannt, in eine Synthese zu gießen. Das Ergebnis war ein ganzer Katalog von Rechten, die zum Wesen des Menschen gehörten und ohne die der Mensch nicht Mensch sein kann.

Was 1948 ein weltumspannender, schöner Traum war, nahm schließlich 1975 die Form eines Vertrags an. Protokolle wurden von allen Seiten unterzeichnet. Sogar von Leonid Breschnew, der jedoch weiterhin seinen Archipel GuLag unterhielt, und auch von Nicolae Ceauşescu, der Kirchen und Dörfer niederreißen ließ und Frauen zwang, nach unzähligen illegalen Abtreibungen davor, Generationen von Krüppel zur Welt zu bringen.

Zwischen dem Ende des Weltkrieges und dem Ausklang des Kalten Krieges hatten die Diktaturen an Raffinesse zugelegt, die Diktatoren hatten gelernt, den äußeren Schein zu wahren. Die körperliche Folter wurde durch unauffällige Bestrahlungen ersetzt und gegen die Oppositionellen leitete man Zivilprozesse ein. In einem historischen Akt internationaler Solidarität vereinigt das Abkommen von Helsinki sowohl den guten Willen derer, die schon seit Jahrzehnten oder gar seit Jahrhunderten die Grundsätze der Menschenrechtserklärung respektierten, als auch die niedrigen Absichten der anderen, die sich zwar keineswegs daran zu halten gedachten, aber mit ihrer Unterschrift einen moralischen Bonus erwerben wollten, den sie brauchten. So sahen wir uns – alle Naivität beiseite – nun dem Hohn der Surrogate und leeren Formeln gegenüber, die die einen mit Inhalt zu füllen hofften, während die anderen damit rechneten, genau das Gegenteil überdecken zu können. Tatsache ist, dass in gewissem Maße die einen wie die anderen ihr Ziel erreicht haben.

Unter dem Schutzmantel seiner Unterschrift und des so gewonnenen internationalen Ansehens konnte Ceauşescu seine Landsleute ungemein subtiler peinigen als seine Vorgänger das taten. Doch gleichzeitig haben weder er noch seinesgleichen es gewagt, mit derselben Dreistigkeit und im selben Umfang auch weiterhin die klassischen Mittel des Terrors anzuwenden: Gefängnis, Folter, physische Vernichtung. Die immanente Doppeldeutigkeit des Helsinki-Abkommens war ein Kompromiss sowohl für die einen wie für die anderen, aber doch ein Kompromiss, an dessen Ende das Jahr 1989 stand – so komplex und undurchschaubar die Ursachen und Mechanismen, die dazu führten, auch waren. Mittlerweile hatte sich alle Welt die Sprache der Menschenrechte zueigen gemacht, auch wenn oder gerade weil Worte zum Verschleiern der Gedanken dienen.

Die Zersplitterung der Sowjetunion hat zur Bildung einer Vielzahl von unabhängigen Nationalstaaten geführt, darunter einige sehr große, andere verschwindend kleine, aber alle mit einer gemischten Bevölkerung aus Einheimischen und Russen. Gegenwärtig leben etwa fünfundzwanzig bis dreißig Millionen Russen verstreut in Staaten außerhalb der Russischen Föderation, was natürlich viele neue Probleme mit sich bringt, bedingt durch den Status dieser Minderheit, die bis dahin im Wesentlichen den politischen Überbau der betreffenden Gesellschaften bildeten. Sie waren also die herrschende Schicht oder enger gefasst, die Nomenklatur.

Dazu sei mir eine Abschweifung erlaubt: Anfang der siebziger Jahre war ich nach Erscheinen eines meiner Bücher in der damaligen UdSSR in mehrere Unionsrepubliken eingeladen worden, nach Usbekistan und in die Baltenrepubliken. Ich erinnere mich noch, wie betroffen ich war, dass in Usbekistan, dessen einheimische Bevölkerung sich durch einen dunklen Teint, schwarz Haare und Schlitzaugen auszeichnete, alle Chefs in den großen Werken oder Verlagen, aber auch in den Restaurants oder sonst wo blondhaarig, mit blauen Augen waren. Die Abweichungen in der Physiognomie verdeutlichten mir einen Sachverhalt, der mir im Baltikum verborgen bleiben musste, wo die Esten, Letten und Litauer zwar nicht minder unterdrückt waren, sich jedoch weniger von ihren Besatzern in ihrer Physiognomie unterschieden. Theoretisch hatten die Millionen von Russen dieselben Rechte wie die Einheimischen. Sie hatten aber obendrein auch praktische Privilegien, die sie jetzt durch Abtrennung vom Imperium verloren haben. Deswegen meinte die russische Minderheit in diesen Ländern aus ihrer subjektiven Sicht heraus mehr verloren zu haben, als sie objektiv eingebüßt hatte. Doch da sich mittlerweile jeder der Sprache der Menschenrechte zu bedienen weiß und der Kampf für diese Rechte in erster Linie dem Schutz der Minderheiten gilt, sind die Besatzer von einst zu heftigen Verfechtern der Rechte für die russische Minderheit geworden.

Die Menschenrechte sind individuelle Rechte, die nicht durch Addition zu vermehren sind. Kollektive Rechte können nicht die Summe von individuellen Rechten sein, aus dem einfachen Grund heraus, weil letztere nicht summierbar sind. Sie können jedoch im Gegenteil – dafür gibt es in der Geschichte des 20. Jahrhunderts tragische Präzedenzfälle – einem individuellen Recht entgegenstehen. Das kollektive Recht eines Volkes, einer Minderheit oder sonstiger Gruppe setzt stets dort ein, wo es dem kollektiven Recht anderer Völker, Minderheiten oder Gruppen entgegensteht. Es endet damit, dass es den individuellen Rechten seiner eigenen Mitglieder zuwiderläuft.

Für ebenso gefährlich und der Kategorie des Gruppenrechts sehr nahestehend, halte ich den Begriff der positiven Abgrenzung, der in der Diskussion über die Menschenrechte zunehmend Akzeptanz findet und ein begünstigendes Verständnis der Minderheit gegenüber einer Mehrheit voranstellt, um mittels dieser Begünstigung einen Schutz der Minderheit durchzusetzen und das Gleichgewicht zwischen den beiden ungleichen Teilen herzustellen. Ich jedenfalls fürchte jede Abweichung vom Grundsatz der Gleichheit. Denn was sich im Falle von kleinen Minderheiten für nützlich erweist, wird im Falle von großen Minderheiten unannehmbar und ungerecht. Wozu beispielsweise sollte man den vierzig Prozent Russen mehr Rechte einräumen als den sechzig Prozent Letten in Lettland? Wie sonst könnte man auf ein einvernehmliches Miteinander hoffen, wenn man nicht für die völlige Gleichberechtigung ficht? Freiheit, Gleichheit und Brüderlichkeit sind offenbar einzig als ein Ganzes zu haben.

Das 20. Jahrhundert war, im Unterschied zu den vorhergehenden, durch den Kampf für die Menschenrechte geprägt, der in den internationalen Beziehungen zur Vorbedingung und Grundsatzfrage wurde. Diese Besonderheit könnte in den letzten Jahren des Jahrhunderts und des Jahrtausends zur Apotheose werden, die alles Unheil auslöscht, das die Neuzeit in einem einzigartigen Maß auf sich geladen hatte. Denn, ob Fast-Religion oder Mehr-als-Politik, der Kampf für die Menschenrechte ist das klare, packende Resümee all dessen, was die Menschen über alle Zeiten hinweg erhoffen konnten. Es ist ein Resümee, das zum ersten Mal Glaubwürdigkeit erlangen könnte, sofern es nicht barocken Manipulationen zum Opfer fällt, wie sie allen großen Ideen an der Schwelle zum Sieg drohen.

Gerechtigkeit – Die Justiz als eine Form des Gedenkens

Als das gerichtliche Verfahren gehen Willi Stoph eingestellt wurde, wurde noch einmal der Blick auf Fragen gelenkt, die der Abbruch des Honecker-Prozesses zu umgehen gesucht und offengelassen hatte. Beide Fälle, zeitlich nur wenige Monate voneinander getrennt, müssen zwangsläufig in einem gedanklichen Zusammenhang gesehen werden. Es erscheint mir bedenklich, dass dieses Thema nicht im Mittelpunkt der öffentlichen Meinungsbildung steht, stellen doch beide Fälle in beunruhigender Weise nicht etwa das Schicksal zweier kranker Greise, sondern die Auffassung von Rechtsprechung und Schuld, vom Erinnern und Vergeben einer ganzen Gesellschaft zur Diskussion. Was mich angesichts der Beendigung beider Gerichtsverfahren am nachhaltigsten alarmiert, ist die Verwendung des Begriffs „Rache" und die Verlagerung der Diskussion auf die Ebene der Menschenrechte. „Keine Rache!" fordert man von denen, die nach dem Recht rufen, und bringt dabei absichtlich die beiden Begriffe durcheinander. Und wo die Rechte des Henkers in den Vordergrund gerückt werden, geraten die Rechte des Opfers aus dem Blickfeld.

Unter dem Aspekt einer absoluten Rechtsprechung erscheint mir die vor der Urteilsverkündung verhängte Haftverschonung für die beiden ostdeutschen Politiker im Grunde genauso verfehlt wie der Scheinprozess, der mit Ceauşescus Hinrichtung endete. Jedes gerichtliche Verfahren kann von den direkt Betroffenen aus zweierlei Blickwinkeln betrachtet werden, wodurch sich zwangsläufig völlig unterschiedliche Perspektiven ergeben: In der einen Richtung sieht man nur den Rechtsakt, in der anderen lediglich die Strafe. Doch gibt es auch noch eine dritte, übergeordnete Perspektive, der zufolge ein Rechtsakt nicht die Rache des Guten am Bösen ist, durch

Austeilen von Strafe und Entschädigung, sondern die genaue Differenzierung zwischen Gut und Böse, die klar umrissene Definition des Übels, damit es auf immer gebannt sei. Die Strafe kommt erst an zweiter Stelle, wie ein Nebeneffekt, und ist nicht der Rede wird.

An diesem Punkt bekommt das Thema für mich eine ganz persönliche, ja zutiefst private Note, und ich muss mich selber fragen, ob ich mir gewünscht habe, meine Peiniger bestraft zu sehen. Was ich erlitten habe, wurde ja Millionen von Menschen zugefügt. Ich bin die Tochter eines orthodoxen Geistlichen, der seine Jugend im Gefängnis zubringen musste und im Alter von 49 Jahren starb. Vor kurzem fand ich eines seiner Gerichtsurteile, es stammt aus dem Jahr 1960. Hauptanklagepunkt war, dass er sich von der Kanzel herab gegen den dialektischen Materialismus gewandt hatte.

Meine Kindheit war ein einziges Warten, dass der Vater verhaftet werde oder aber aus dem Gefängnis zurückkehre. In einer Ecke unserer Wohnung stand stets ein gepackter Koffer mit Sachen für eine längere Zeit der Abwesenheit, und wenn es abends an der Tür klingelte, überfiel uns lähmende Starre. Später kamen dann die Qualen des Schrifstellerdaseins: der immerwährende, demütigende Kampf mit der Zensur, nur um einen Satz zu retten, eine Zeile oder gar ein Wort. Es folgten Jahre der Verbote, die ständige Überwachung, das Auto der Staatssicherheit vor der Tür, ein Telefon, das den Dienst verweigerte, Briefe, die nicht ankamen, und vor allem meine Verzweiflung und Angst, noch den Verstand zu verlieren, da man ohnmächtig zusehen musste, wie ganze Dörfer und Kirchen, die Denkmäler mittelalterlicher Kunst, abgerissen wurden.

Ich musste erleben, dass ich nach 1989 meinen ehemaligen Verfolgern und Bewachern auf der Straße begegnete. In den ersten Wochen oder gar Monaten nach der Revolution waren sie verschreckt, denn sie rechneten mit Bestrafung. Dann aber gewannen sie ihr Gleichgewicht zurück und jetzt sehe ich sie im Parlament sitzen. Ehrlich gesagt, ich habe nie daran gedacht, ich könnte sie irgendwie büßen lassen und ich glaube nicht einmal, dass es mir Genugtuung bereitet hätte, sie bestraft zu wissen. Ich konnte nicht mehr als eine – jeweils wechselnde – Mischung aus Empörung, Abscheu und Verachtung für sie empfinden.

Mir ist weniger wichtig, dass sie für ihre Taten eine Strafe erhalten, als dass sie an einer Wiederholung gehindert werden. Sie im Gefängnis zu wissen, wäre mir keine Freude, wohl aber, sie nicht in der Staatsführung zu sehen. Doch so sehr mir die Anwendung von Strafe und damit neuerliches Leid widerstreben, so bleibt dennoch die Furcht, mit ansehen zu müssen, dass alles Verschulden unausgesprochen im Magma politischer Amoralität untergeht, was nicht nur zu steigender Verwirrung, sondern auch zu einer wachsenden Bedrückung beiträgt. Bedenklich ist in meinen Augen nicht, dass Honecker nach Chile ausreisen durfte, sondern dass seine Abreise als eine Alternative zum Prozess daherkam und nicht als eine Form von Begnadigung. Auf die Bestrafung der Schuldigen kann man verzichten, nicht aber auf die Analyse der Schuld.

Gewiss, das „pereat mundus, fiat iustitia“[1] hat seit langem dank der christlichen Vergebung an Härte verloren, aber selbst diese Vergebung, wie groß auch immer, kann erst nach dem Sündenbekenntnis ausgesprochen werden. Ebenso wenig können die Menschenrechte der Rechtsprechung vorgreifen, sondern nur das Los des Verurteilten erleichtern helfen. Sonst käme es am Ende zur Konfusion, einem wohlorganisierten Durcheinander. Von „Hexenjagd“ ist mittlerweile die Rede – merkwürdigerweise in allen ehemaligen kommunistischen Ländern zur gleichen Zeit: Doch wird dabei vergessen, dass der bekannte Begriff auf vorgebliche Täter zielte und nicht auf echte, wie in unserem Fall. Die Besserwisser

1 Der Ausspruch „Fiat iustitia et pereat mundus“ wird meistens übersetzt mit: „Es soll Gerechtigkeit geschehen, und gehe die Welt darüber zugrunde.“ Luther spricht von: „Es geschieht, was recht ist, und solt die welt drob vergehen“ (10. Mai 1535), während Kant es übersetzt mit: „Es herrsche Gerechtigkeit, die Schelme in der Welt mögen auch insgesamt daran zugrunde gehen.“

verweisen bereits auf die möglichen negativen Folgen einer übertriebenen Vergangenheitsbewältigung, und die politischen Schnattermäuler stimmen das Lied von der gemeinsamen Schuld an, wonach dem Einzelnen keinerlei Schuld zukommt, weil im Großen und Ganzen alle schuldig sind.

Im Übrigen ist ja wahr, dass wir uns alle schuldig gemacht haben. Ohne diese kollektive Schuld wären die letzten fünfundvierzig (oder gar sechzig) Jahre nicht so verlaufen wie gehabt. Doch nur wo man eine klare Trennlinie zieht zwischen solchen, die schuldig wurden durch das, was sie getan haben, und solchen, die schuldig wurden durch das, was sie nicht getan haben, kann auch die himmelschreiende Verquickung von Tätern und Opfern zersprengt werden, auf der alle Verwirrung überhaupt aufbaut.

Die in Litauen und Tschechien verabschiedeten diesbezüglichen Gesetze verfolgen genau dieses Ziel, und ebendies hatte letztlich auch der Nürnberger Prozess zur Aufgabe. Erst wenn man sich das Gewesene vergegenwärtigt und es analysiert hat, kann man solche grausigen Kapitel der Geschichte als abgeschlossen und unwiederholbar betrachten. Letzten Endes ist ja die Justiz selbst eine Form des Gedenkens.

In Rumänien beispielsweise kämpft die Bürgerallianz, eine regierungsunabhängige Organisation darum, mit Unterstützung des Europarats in Sighet ein Gefängnis zum Museum und internationalen Studienzentrum umzuwandeln. Dort waren zur Zeit der ungarischen Besatzung – nach dem Diktat von Wien – auch die Deportationszüge mit Juden zusammengestellt worden, die in die Vernichtungslager führten.

Nach dem Krieg wurden im dortigen Gefängnis die Vertreter der politischen und geistigen Klasse Rumäniens umgebracht. Mitten im Herzen des schwergeplagten Osteuropas gelegen, bietet es den denkbar geeignetesten Ort, dem Phänomen des Totalitären und des staatlich organisierten Hasses nachzuforschen. Stellt man nämlich die beiden Totalitarismen des 20. Jahrhunderts nebeneinander, die sich weniger als gewünscht voneinander unterscheiden, da sie sich beide auf dem legalisierten und zur Staatspolitik erhobenen Hass gründeten (dem Hass gegen eine Klasse oder Rasse), vermag man erst ihren gemeinsamen Wesenszug, die Unmenschlichkeit, zu erfassen. Als Vorarbeiten für dieses Zentrum sammelt eine Gesellschaft für „Oral History", die der Bürgerallianz angeschlossen ist, die Berichte einer mittlerweile aussterbenden Generation. So werden persönliche Tatsachen zu Papier gebracht, die auf staatlicher Ebene noch nicht anerkannt und untersucht sind. Das lässt erkennen: Wo die Justiz nicht als eine Form des Gedenkens aufzutreten vermag, können Erinnern und Gedenken selber zu einer Form von Justiz werden.

Fragmente über Freiheit

Frei zu sein, ist kein Zustand, sondern eine Gabe, die wie jede Begabung der Übung bedarf und bei mangelndem Training verlorengeht. Es ist viel einfacher, einen Begriff durch Abgrenzung von seinem Gegenteil zu definieren, als ihm einen eigenständigen Inhalt zu geben. Jahrelang war Freiheit das einzige, was wir je nach eigenem Vermögen, dem Terror entgegenhalten konnten. Nun, seit der Schrecken zu Ende ist, bemerken wir entsetzt, dass wir verlernt haben, frei zu sein. Wahrhaftig frei werden wir erst sein, wenn wir keinen Mut mehr dafür brauchen. Die sich vor der Freiheit anderer fürchten, wissen seit jeher, dass man am sichersten zum Ziel kommt, indem man jegliche Solidarität verhindert, denn ohne sie erstickt die Freiheit von selbst. Gerüchte, die Misstrauen säen, Misstrauen, das Vertrauen untergräbt und den Zusammenhalt unterminiert, wirkten zu allen Zeiten zerstörerisch, und zwar so nachhaltig, dass man in der Regel nicht mehr auf den Einsatz echter Waffen zurückgreifen muss.

Im Verhältnis zwischen Freiheit, Solidarität und Macht liegt die Antwort auf alle Fragen, die uns die Geschichte aufgibt. Seit Anbeginn der Welt werden zwei Sorten von Menschen auf der Erde geboren: jene, die sich nach Freiheit sehnen, und jene, die nach Macht streben. Leider kommt es zwischen beiden Gruppen fast nie zu einer Vermischung. Die auf den Barrikaden kämpfen, gehören niemals zu denen, die auch führende Positionen übernehmen. In diesem Punkt unterscheidet sich eine Diktatur von der Demokratie dadurch, dass derjenige, der in der Diktatur nach Freiheit strebt, auf Gedeih und Verderb von den jeweiligen Machthabern abhängig ist. Wer dagegen in der Demokratie die Macht will, muss sich nach denen richten, deren einziges Zeile Freiheit heißt. Solidarische Geschlossenheit ist für die letzteren die einzige Form ihrer Macht, die sie im Übrigen wie ein Schaukelbrett einsetzen. Solidarität ist der Superlativ der Freiheit. Ich träume von dem Zeitpunkt, da mir weder von „oben“ vorgeschrieben wird, *dafür* zu sein, noch mein Gewissen mir auferlegt, *dagegen* zu sein, und ich mir die höchste Freiheit, nämlich Neutralität erlauben darf.

„Frei wie der Vogel in der Luft“ – dieser Ausdruck vereint in sich das Recht, nicht am Himmel hängen zu müssen, und die Pflicht, nicht zu Boden zu gehen. Er ist ein Name für unabdingbare Rastlosigkeit, denn Fliegen bedeutet in Wahrheit nichts anderes, als jeden Moment darum zu kämpfen, die eigene Freiheit zu bewahren.

Der Preis für die Freiheit war so hoch, dass sie nicht nur von unschätzbarem Wert, sondern auch kostenfrei zu haben sein sollte.

Eine moralische Krise wird stets durch die verzweifelte Einsicht ausgelöst, dass jede Wertbestimmung hinfällig geworden ist. In den kommunistischen Gesellschaften ist diese Krise etappenweise herangereift und zwar in dem Maße, wie die negative Auslese immer ausschließlicher verlief. Doch solange die Zwänge der Diktatur starr bleiben, wechselte in der Negativauslese nur ständig das jeweilige Vorzeichen der Werte, so dass alle Welt wusste, Weiß ist Schwarz und Schwarz ist Weiß. Ja heißt Nein und Nein heißt Ja. Alles, was laut ausgesprochen wird, ist das Gegenteil von dem, was man denkt. Die manichäische Schlichtheit der Schreckensherrschaft machte die Dinge durchschaubar und mithin erträglich.

Erst als sich Tröpfchen für Tröpfchen in die Lüge auch Wahrheit mischte, und erst als die fähigsten Absolventen der Universitäten im Repressionsapparat Anstellung fanden, in dem Moment also, als einige Tropfen Weiß ins Schwarze geschüttet und gut vermischt wurden und die Opfer mit ihren eigenen Henkern zusammen zu arbeiten begannen, ließ sich keine Trennlinie mehr zwischen Gut und Böse, zwischen Wert und Unwert ziehen. So kam die moralische Krise zum Ausbruch, wurde zum Treibstoff für den schrecklichen Motor der Geschichte. Die Freiheit, die zwar kaum verändernd, aber in jeder Hinsicht verschärfend wirkte, hat dieser tiefgehenden Krise einen hysterischen Unterton von Verzweiflung verliehen.

Intoleranz kann Freiheit in Chaos verwandeln und Taktieren kann vom Chaos in die Intoleranz führen.

Die heimliche Kunst der Demokratie liegt in den Proportionen und besteht in der Weisheit, niemandem so viel Macht zu verleihen, dass er verleitet wird, sie ganz und gar für sich beanspruchen zu wollen. Eine Kunst, die ziemlich schwer zu erlernen ist.

Die Freiheit als Neurose.

ZWEITER TEIL

Die Ketten der Vergangenheit

Auszüge aus einem Gespräch zwischen Ana Blandiana und Dr. Joachim Gauck am 3. Dezember 1999 in Frankfurt am Main

Joachim Gauck: Die Begegnung mit der Vergangenheit kriegen die Menschen meistens nur in einer Art Psychotherapie hin, wenn sie einen Leidensdruck empfinden, wenn ihre Schwermut oder ihre Fähigkeit, den Beruf auszuüben so gelitten hat, dass sie keinen anderen Weg mehr wissen, dann tun sie sich den Schmerz an.

Eine Bevölkerung, die so nachdrücklich wie die rumänische, viel stärker noch als die ostdeutsche, traumatisiert worden ist, die in eine vormoderne Sklavenmentalität zurückgepresst wurde, müsste ja heute bereit sein, sich sozial zu verhalten, nicht nur die Täter, sondern auch die Unterdrückten, um den Schmerz, ein ganzes Leben lang als Untertan gelebt zu haben, zuzugeben. Wir sehen schon an den Ostdeutschen, wie schwer das ist und wie viele sich weigern, diese offene Seele und diese offenen Augen zu haben. Deshalb geht die Aktivität jener Menschen, die Verarbeitung von Vergangenheit als nicht nur intellektuellen, sondern auch als emotionalen Prozess verstehen, schweren Zeiten entgegen.

Ana Blandiana und ihre Freunde werden es schwer haben im Kampf der Vergangenheitsaufarbeitung, denn es wird viele Rumänen geben, die möchten sich ganz schnell amüsieren und ein gutes westliches Leben haben. Sie spüren nicht, und das ist normal, dass noch Ketten der Vergangenheit an ihren Füssen hängen, die sie irgendwann hindern werden, in diese schöne neue Welt aufzubrechen. Aber das ist ganz schwer zu organisieren. Man kann ja nicht die Schulklasse zwangsweise – wie es im Kommunismus der Fall war – dorthin nach Sighet zur Gedenkstätte oder bei uns in das Stasigefängnis, nach Hohenschönhausen in Berlin führen. Was dann rauskommt, das wissen wir, das ist eine staatlich gelenkte Erinnerungskultur: Bitte jetzt hinknien und traurig gucken! Das geht nicht, das muss von Innen kommen.

Die große Leistung gerade auch von Künstlern oder auch Leidenden, die ihr Leiden gemeistert haben, besteht darin, im Grunde als Einzelgänger in einer Gesellschaft präsent zu sein und zu zeigen, man kann das Erinnern ertragen, und wenn wir es durchgestanden haben, gewinnen wir eine Courage, eine neue geistige Freiheit der Gegenwart, um der Zukunft zu begegnen. Ich sehe da einen ganz langen und schwierigen Weg vor uns. Das ist zu sehen an jenen Parlamenten, die es nicht hinkriegen, die richtige Öffnung zu gestalten. Die Widerstände sind zu stark. Wir sehen, wie viele Verstrickte von früher noch in allen politischen Gruppierungen sitzen, die es irgendwie versuchen, Regelungen zu verhindern, die die einzig richtigen sind, nämlich den Unterdrückten von einst zur Hauptsache der Politikgestaltung zu machen.

Ich weiß nicht, ob Ana Blandiana auch so skeptisch ist. Ich hoffe nicht. Ich hoffe, dass sie viel optimistischer ist, ich will sie unterstützen. Wir kennen ein Volk, das sehr lange Wege ging, um in der eigenen Vergangenheit einzukehren. Das ist das unsrige, wo es zuerst die Kinder waren, die die Erwachsenen an der Hand nahmen, oft ein bisschen brutal, aber mit einem gewissen zeitlichen Abstand funktionierte es dann … Wir, die Deutschen, hingen ja auch noch lange nach dem Zweiten Weltkrieg dem Alten nach, nicht nur die Ossis sind jetzt nostalgisch, sondern der komplette Westen war mehrere Jahre nach dem Krieg nostalgisch, und das hat die Alliierten trotzdem nicht gehindert, mit großen Hilfsprogrammen und mit einer großen Integrationspolitik Westdeutschland einzubeziehen. Hier gibt es große Ziele. Nur die empfindlichen und selbstverliebten Gesellschaften des westlichen Mitteleuropas sind im Moment auch nicht besonders innovativ und sie sind auch nicht besonders barmherzig und solidarisch mit den Gesellschaften, die erst wieder am Anfang der Zivilgesellschaft stehen. … Ich bin sicher, wenn ich Rumäne wäre, würde ich auch mehr leiden, weil in Rumänien die Probleme viel größer und komplizierter sind.

Ana Blandiana: Der einzige Grund, warum ich nicht Politiker werden wollte, war stets meine Überzeugung, dass meine von Gott erhaltene Berufung ist, zu schreiben und nicht Politik zu machen. In der Kindheit las mein Vater immer gerne die Gedichte eines großen rumänischen Dichters[1], der zwischen den zwei Weltkriegen Premierminister wurde, wobei mein Vater immer seufzend bemerkte: „Wie schade, dass dieser große Dichter so herabstieg und Premierminister wurde." Ich gestehe, dass ich mit dieser Idee groß geworden bin, die ich heute noch als wahr und richtig empfinde. Andererseits gibt es die Gewissheit, dass ich als Politiker auch nicht viel mehr bewirken könnte als so. Und aus objektiver Sicht heraus gesehen, sind die politischen Menschen von der Wählerschaft abhängig und unterwerfen dieser ihre Meinung. In einem Land wie Rumänien jedenfalls, ist die Idee jedenfalls nicht, einer Wählerschaft zu folgen, die einer Gehirnwäsche zugleich einer Propaganda entsprang, die nach einer fünfzigjährigen Schule nur Lügen verbreitete. Unser Problem ist es, das Gewissen dieser Wählerschaft zu wecken und nicht sie zu ändern … Ich lebte Jahrzehnte mit dem Traum der Freiheit des Westens und verstand nicht, dass Freiheit mehr bedeutet als nur Freisein!

1 Octavian Goga (1881–1938), rumänischer Dichter und Dramaturg, wurde 1937 für 40 Monate zum Ministerpräsidenten ernannt und von König Karl II. nach 40 Monaten im Amt abberufen.

Helmut Müller-Enbergs

Anas Ernte

Das tropft nur. Ach was, nicht einmal das: Es tröpfelt. Dabei müsste in Deutschland ein Rauschen zu hören sein, ein ohrenbetäubendes und tosendes Fließen ihrer rumänischen Worte. – Die sie selbst, wenn sie liest, haucht, in die Luftschichten gleiten lässt. Worte dann, die in die Geborgenheit atemloser Stille in die Zuhörer sickern.

Vielleicht ist die deutsche Sprache doch – trotz Goethe und Rilke – zu umständlich, um die Poesie Ana Blandianas zu verworten. Nicht, dass sie in Deutschland unbekannt ist. Keinesfalls. Ihre Erzählungen kamen in „*Kopie eines Alptraums*" zwar 1988 in Ostberlin zu uns, da war sie sechsundvierzig, aber zur Unzeit. Der Umschlag zeigt aber auf tiefschwarzem Grund die Wolke mit Mund und Augen, durchbrochen von einer Hand, die nach dem Leser und seiner Einsamkeit greift. Sechs Jahre zuvor hatten diese einhundertneunundfünfzig Seiten im westlichen Frankfurt Leser in den Bann gezogen. Da war sie vierzig. Und das Buch erscheint dem Verlag noch heute, zuletzt 1999, lohnend, seinen Lesern Augen und Hände zu öffnen.

Man muss ihre Heimat kennen, den Duft der Felder im Atem fühlen, den Obstsaft schmecken, um abzutasten, was das war, als Nicolae Ceauşescu und die Seinen das Land in der Hand hielten, die Luft mit ihnen stickig war, als Ana Blandiana mit feinen Stacheln diese Welt zwischen Buchdeckeln in einen Roman klemmte. Er erschien dann als „*Die Applausmaschine*" in Göttingen 1993. Da war sie einundfünfzig. Ein halbes Jahrhundert. Nun ist dieses Rumänien Geschichte, steht im Reiseführer für den, der sich auf den Weg nach Bukarest macht – auf Seite sechsundfünfzig, bei „Theater und Literatur" zwischen Eugen Ionesco und Marin Preda. „Im

Grunde sah mich keiner von ihnen an", schreibt sie, wenn die Schatten der Securitate die Sicht verdunkeln. „Alle taten so, als hätten sie beschlossen, sich nicht einzumischen, darauf zu warten, dass alles vorüberging – und Gott allein wusste, wie es enden würde, schienen sie zu sagen –, ohne selbst für die weitere Entwicklung der Dinge verantwortlich gemacht zu werden."

Auch die „*Applausmaschine*" gab es noch 1999 aus Göttingen zu lesen. Da war sie siebenundfünfzig. Jetzt ist das Buch nicht mehr da, wie dieser Applaus und diese Maschine. Der Alptraum braucht keine Kopien mehr; das Original ist, staubig wie es ist, nur zu besichtigen. Ana Blandiana lebte nie an der „Grenze zwischen Politik und Literatur", schreibt sie, sondern an der „Grenze zwischen der Lebenseinmischung und der Abstraktion der eigenen Lebenswelt".

Diese persönliche Verzweifelung, auch die des rumänischen Volkes, klingt zwischen den Verszeilen der „*EngelErnte*". Das war 1994, als das Buch in der Welt deutscher Lyrik erschien. Da war sie zweiundfünfzig und gedruckt tanzen die Symbole: Engel und Kirche, Flügel und Himmel, Schlaf und Schnee – und darüber die Vögel. Das klingt zauberhaft, ist es aber nicht; das meint sie nicht. Da strahlt nichts, optimistisch scheint es nur. Denn tatsächlich ist das Volk pflanzlich, „ein Volk von Pflanzen". Es fehlt die Freiheit. Nun ist sie da. Was tun mit der Freiheit in Armut? Reden? Schreiben? – Der Engel Ernte.

Was sind das für Unterschiede? „Stea de pradă" schwebt wie des Engels Ernte, klingt, was im Deutschen nur eine schwache Kopie, wenn es dort immerhin noch „*Sternenherbst*" heißt. Das erschien nach Jahren des Schweigens in Deutschland auf dem Markt der Bücher, wenn es um die von Ana Blandiana ging. 2002 kam es. Da war sie sechzig. Lebenshalbzeit also. Warmer Applaus, kein Alptraum. Bei Lesetipps im Reiseführer für Rumänien steht es an erster Stelle bei Belletristik, Lyrik und Philosophie. Noch vor Mircea Cărtărescus Streichholzflamme, Emile Ciorans Gedankendämmerung und Herta Müllers „verneigenden König". So ist das mit „*Stea de pradă*", wenn der Neugierige nach Rumänien gelockt werden soll – mit Gedichten aus der Gegenwart.

In den letzten Jahren, zumindest seit 2009, tröpfelt es schneller, beinahe sichtbar. 2009 dann *„Die Versteigerung der Ideen"*, die uns in Gedichten kommen. Das weiß jeder, der dabei war: Hans Bergel übersetzte die 137 Perlen – und sprach einzelne auf Deutsch nach, eben mit fast jener Melodie, die Ana Blandiana summt, wenn sie spricht. Das war in Berlin-Mitte im Februar 2011. Die Brust atmete mit, wenn die Worte versteigert wurden, was doch nur Ideen waren, an diesem Sternentag – im Frühjahr.

Und jetzt. Da ist sie siebzig. Die Freiheit ist unsichtbar: „Im Grunde ist die Menschheitsgeschichte lediglich die andauernde Anstrengung, das Gute von dem Bösen zu trennen", heißt die Idee. Und Anas Ernte, nach all dem, dem Memorial in Sighet, die Demonstrationen in diesem Dezember 1989? Während ihres Lebens hatte sie, wäre es nach ihr gegangen, und wenn es nicht die Grenze zwischen der Lebenseinmischung und der Abstraktion der eigenen Lebenswelt gegeben hätte, immer nur den Wunsch gehabt: Allein zu sein. „Ich entsinne mich keiner anderen Sache, die ich in meinem Leben mit so viel Mühe und so schlechten Ergebnissen erreicht habe", sagt sie.

Deine Ernte, Engel, ist an diesem Spätherbst reicher, als diese selbst gewählte und freiwillige Einsamkeit. Uhren rollen eben auf Schienen, deren Räder schlagen wie Maschinen gegen die von Menschen gemachten Grenzen. Deine Worte bewegen Herzen. Und sie werden wie in breiten Bächen auch in Deutschland fließen, wirst sehen. Das ist die Ernte!

Dr. Helmut Müller-Enbergs
Geboren in Westfalen; Behördenangestellter; Mitglied des wissenschaftlichen Beirats der Fundația Academia Civică (Rumänien); Adjungeretprofessor Syddansk Universitet (Dänemark); Gastprofessor Högskolan på Gotland (Schweden).

Maria Herlo

Begegnungen mit Ana Blandiana

Wenn man viel liest, merkt man: Auch Wörter unterliegen dem Prozess der Abnutzung. Stereotype Aussagen überfluten den Sprachgebrauch. Man begegnet ihnen überall, in Büchern, Zeitschriften, Zeitungen, oft auch in der Lyrik. Schriftstellern wie Franz Kafka, Paul Celan oder Herta Müller gelang es, ausgetretene Pfade zu verlassen und ihrer Sprache neue Frische zu geben. Das macht sie einmalig und unverwechselbar. Ich behaupte, dass auch Ana Blandiana zu den Schriftstellern gehört, deren Sprache unverkennbar originell ist. Wenn in der Presse über sie geschrieben wird, dann meistens über ihre politische Dimension: als Mitglied der Partei „Front zur nationalen Rettung", Bürgerrechtlerin, Gründerin der Gedenkstätte für die kommunistischen Gräueltaten in Sighet, Veröffentlichungsverbot und so weiter. Vor allem jedoch ist sie Dichterin. Von ihren Gedichten geht ein seltsamer Zauber aus. Ihre Vision ist die Seele. Das Visionäre treibt bei ihr ein facettenreiches Spiel mit Realität und Fiktion. Mit neuem Blick überrascht sie Gesten oder Situationen. Wie im Gedicht „Der Mut": „Ich betrachte meine Hände: Zweige, an denen niemals Lider aus Blättern geblinzelt haben, Flügelspitzen, an denen Federn es niemals wagten zu wachsen; nicht einmal Krallen waren imstande an den Enden wie zarte Raubtierknospen zu sprießen. Ich betrachte meine Hände, als wären sie Buchstaben, die keinen Mut haben, alleine ein Wort zu bilden." Ihre Gedichte haben mich begleitet, als ich jung war und meinte, zwischen den Zeilen, die ganze Welt blühen und rauschen zu hören. Voller Begeisterung hätte ich mit ihr ausrufen wollen: „Lasst den Regen, dass er mich umarme von der Schläfe bis zur Sohle …"

Die Gedichte waren da, als ich zu zweifeln begann und Halt suchte in Zeilen wie „Was schmerzt genug, um laut aufzuschreien?" Und sie waren da, als ich zu verstehen begann, dass wir gegen Naturgesetze machtlos sind: „Wie wird der Himmel imstande sein, im Dahinfließen der Zeit zu wanken …, wie wird die Zeit imstande sein, für immer zu vergehn?" Ana Blandiana hat tief in ihre Seele geschaut und damit hinter das Verborgene im Menschen. Immer wieder fühle ich mich ertappt und nahe daran auszurufen: „Woher weiß sie das?" Indem sie erzählt und sich dem Nichtsagbaren nähert, trägt Ana Blandiana auch zur tieferen Erkenntnis des eigenen Lebens anderer bei.

Vieles, was sie schrieb, ging mir sehr nahe, weil ich meine eigene Lebenshaltung darin erkannte. Hinter schön klingenden Reden hört sie auch die hässlichen Zwischentöne der Missgunst und des Hasses und immer tiefer dringt in sie die schmerzliche Erkenntnis: Dagegen kommt man nur mit Schreiben an. „Meine Unfähigkeit zu hassen", schreibt sie in einem ihrer Kurztexte, „ist ohne Zweifel eine Schwäche, eine Schwäche jedoch, die einem Zuviel an Fantasie entspringt. Ich bin nicht imstande, jemanden zu hassen, jemandem böse zu sein, weil ich mich immer in die Lage des anderen versetzen, hineinfühlen kann und die Gründe verstehe, warum ich angegriffen wurde. Es ist meist die innere Leere des anderen, seine Unfähigkeit, glücklich zu sein, und seine Neigung, immer andere für das eigene Versagen verantwortlich zu machen. Dieses Verständnis schwächt die Heftigkeit meiner Reaktionen, denn ihnen fehlt die Kraft des Irrationalen."

Das Schreiben, das Lesen sind willkommener Ersatz für ein Leben, das nicht nur schöne Seiten für sie bereithielt: „Ich bin in einer Welt aufgewachsen, in der Bücher immer viel wichtiger waren als die Naturereignisse. … Das Verb *lesen* hatte für mich eine größere Bedeutung als das Verb *leben*. … Ich könnte mir ein Leben ohne Lesen nicht vorstellen, jedoch fällt es mir überhaupt nicht schwer, mir vorzustellen, auch nach meinem Tod zu lesen." Ana Blandiana wurde in ihrer Heimat Rumänien verehrt. Ihre Gedichte, die zögernd und in ungenügenden Auflagen erschienen, wurden unter der Hand weitergegeben. In „Alles“ oder „Kreuzzug der Kinder“, erschienen 1984 in der Zeitschrift „Amphitheater“, übt sie unverhohlen Kritik an den Zuständen unter Ceauşescu. Eine Frau war gezwungen, mindestens vier Kinder zur Welt zu bringen, Abtreibungen wurden mit mehrjähriger Haft bestraft. Bei illegalen Abtreibungsversuchen verloren Zehntausende von Frauen ihr Leben. Hier ein Bild, das den Alptraum in knappen Wörtern zu schildern vermag: „Ein gesamtes Volk / noch nicht geboren, / jedoch zur Geburt verdammt, / vor der Geburt eingereiht / Fötus neben Fötus. / Ein gesamtes Volk, / das nichts hört, nichts sieht, nichts versteht, / jedoch vorwärtsschreitet / durch sich windende Frauenleiber, / durch das Blut ungefragter Mütter.“

Aber es war nicht nur die literarische Wirkung, die so enorm war. Nachdem ich sie 1991 persönlich in Heidelberg kennengelernt hatte, war es die Wohltat, es mit einem solch integren Menschen zu tun zu haben. Als sie mir erzählte, sie habe die Absicht, das Gefängnis von Sighet in eine Institution des Gedenkens an die Gräueltaten des Kommunismus umzubauen, war ich so begeistert, dass ich ihr dafür eine größere Summe Startgeld zukommen ließ. Sie fand einen Weg, es mir zurückzuschicken mit der Begründung: „So ein Opfer kann ich nicht annehmen, wir versuchen von dort finanzielle Mitteln zu besorgen, wo es niemandem weh tut.“ Ihre Feinfühligkeit, ihr Gespür für Sachverhalte, die nie in Worten erläutert wurden, hat mir unglaublich imponiert. Hier ist also jemand, der ideelle Werte nicht nur proklamiert, sondern auch danach lebt.

Wer Ana Blandiana persönlich kennt, weiß, wie bescheiden sie ist, wie wenig ihr materielle Werte bedeuten: „Ich mag nicht, zwischen teuren Dingen leben“, schrieb sie einmal, „der materielle Wert der Gegenstände erschreckt mich. Der Gedanke, dass mir das Glas nicht aus der Hand fallen darf, dass es ein Unglück wäre, wenn der Teller einen Riss bekäme und es unverzeihlich sein kann, wenn ich den Teppich beflecken würde, betrachte ich als Angriff nicht nur auf meine Bewegungsfreiheit, sondern auch auf die Freiheit des Denkens. Die Tatsache, dass ich Schmuck tragen muss, den ich nicht verlieren darf, oder Kleider, auf die ich aufpassen muss, dass ich etwas besitze, was mir gestohlen werden kann, scheint mir unerträglich. Weil mir jede Abhängigkeit vom Materiellen unerträglich scheint, weil jeder Besitz abhängig macht …"

Es ist nicht immer schön in der Welt, aber wie sähe sie erst aus, wenn es nicht Menschen wie Ana Blandiana gebe? Wie oft konnte ich Zuflucht nehmen zu Texten, in denen es ihr auf geheimnisvolle Weise gelingt, eine Verbindung zwischen den beiden Welten, der des Märchens und der der rauen Wirklichkeit, herzustellen. In ihnen sind Kräfte am Werk, die die Fähigkeit haben, uns stark zu machen gegen das Alltägliche, gegen das Unheil, das uns nicht verschont.

Anas Universum

… die Augen blicken durch die Scheiben ins Schwarze. Bis sie die Stelle gefunden haben. Wie im Spiegel, denke ich und lese: Jeder von uns lebt zwei oder drei Leben. Immer wieder komme ich auf die Stelle zurück. Wir kommen zur Welt und sterben, unentschlossen, unmündig. Weil der Himmel nachts so dunkel ist, warte ich auf den Tag, warte auf die Sonne, schaue aus dem Fenster und spüre Mitleid mit dem wehrlosen Universum, das in meinen geschlossenen Augen untergehen wird. Drei Schritte über den Hof bis zur Wand. Es wird eine Falle sein, von einem Ende des Schlafs zum anderen fühle ich mich in Gefahr. Drei Schritte bis zum Fenster, drei morgens, wenn der schwarzbraune Kaffee trüber ist als das Morgengrauen, drei abends, wenn das Licht heller ist als der Tag. Nachts bitten Engel mich um Unterkunft, wenn sie frieren, ziehen sie das eine oder andere Blatt über die Flügel.

Wenn es dämmert, sehe ich nur die blauweiße Wand, über den Dachkanten ist Tag. Die Nacht liegt bitter im Magen, der Kaffee bitter im Mund, ich trinke im Stehen, es hat keinen Sinn. Schwarz eingefärbte Morgenstunden, aus dem Fenster schauen, auf den Himmel, der schon Tag ist. Wie wird der Himmel imstande sein, im Dahinfließen der Zeit zu wanken, wird die Zeit imstande sein, für immer zu vergehen? Wie spät ist es, wie spät, weiß ich nicht, und wenn ich es weiß, warte ich trotzdem, auf dass der Himmel sich selbst betrügt oder aufhört. Heute fällt Regen, meine Augen sind nass, viele Augenschritte messen das Regenwasser. In der Stadt ist das Pflaster hart, der Regen schmeckt bitter, er hinterlässt toten Himmel in den Augen und Schwärze von der Wimperntusche. Beim Schlafen schrumpft alles, die Sekunden schlüpfen eine in die andere, als ob der Mond etwas zu sagen hätte.

Nichts kann gebrechlicher sein als der Schatten eines Grashalms, mein Schatten fürchtet sich vor dem Schatten der Bäume und ich soll nie erfahren, seit wann ich ohne Schatten weitergehe. In die Kaffeetasse tropft Regen, er schmeckt salzig. Draußen fällt er anders, dass die Wand nie die Sonne sieht, ihr Schatten meine Augen. Die Wand vergessen wollen, die Räume, wenn die Laternen die Nacht in milchigem Gelb festhalten. Wenn die Laternen den Himmel vergessen lassen, ist die Wand da. Ich gleite von einem Fenster zum anderen, in jedem die Wand, darüber der Himmel, er dreht sich wie eine Scheibe um die Mitte, dreht sich über der Wand, nimmt seine Sterne mit. Vögel fallen ab, sie werden Verräter, Bäume geben auf, Weisheit breitet sich aus. Ich schaue hoch, kann keine Sterne zählen, senke den Kopf, auf dem Pflasterstein gehen zwei Schuhe, ich gehe mit.

Weshalb sollte ich nicht zurückkehren zu den Bäumen, Wort für Wort nichts zu sagen, in dieser Stille, was nicht gesagt werden kann, wird zu Ende gefühlt, was bleibt, ist die Angst, vor dem Verrinnen der Zeit, vorm Älterwerden, vor der Leere. Die Jahre schnüren die Monate, Tage, Stunden zusammen, sie verschwinden im Schlaf, ihre

Schatten hängen um die Augen … aber was ist heldenhafter als der Schatten eines Grashalms, was gebrechlicher und was nicht auslöschbar im Universum?

Maria Herlo

Geboren in Temeswar, Rumänien. Studierte Germanistik und Literaturwissenschaften an der Universität in Temeswar. Schrieb Ana Blandiana einen Brief während ihres zweiten Veröffentlichungsverbots, der als einer der wenigen Briefe zugestellt wurde. Publizistin für Kulturbeiträge bei verschiedenen Zeitungen, lebt in Heidelberg.

Katharina Kilzer

Blandiana aus Blandiana

Vom Ursprung zur Freiheit des Wortes

„... vor dem Dorfeingang ... wirkte das Dorf aschgrau und winzig und ungeheuer vergänglich in der immerwährenden vitalen Umarmung der Ebene, die es von allen Seiten drohend einkreiste ... scheinbar zusammengekringelt und ... in sich zurückgezogen, einzig und allein von ein paar hochtrabenden Nussbäumen gekrönt ...“ – Das ist das Dorf, in das Ana in der Erzählung „Auf dem Lande“ zurückkehrt.[1] Meine Wanderung ins transsilvanische Dorf Blandiana, am Fuße der Apuseni-Berge, wo alles begann, vermittelt jedoch einen anderen Ausblick: Beim Überqueren der Betonbrücke, über dem braunen Fluss, der Marosch, die ihr Flussbett zwischen Weiden und Büschen versteckt, verläuft nach dem kleinen Städtchen Vințu de Jos eine jener staubigen Landstraßen, die ins Nirgendwo führen, wären da nicht die kleinen Bauernhäuser entlang des Straßenrandes, die nur leicht über den Gartenzaun lugen.

Auf der steinchenübersäten Landstraße hinter der Brücke gelangt man in eine wundersame Welt: unerschlossene Naturpfade, ein Wildbach, der über hervorquellende Äste und glitzerndes Gestein ins Tal hinab fließt, Holzbrücken, schmale Hängebrücken und Stege zum Bach, kleine rote, blaue und weiße Häuschen, verborgen hinter viel zu großen Zäunen, die die prallbedeckten Pfirsich- und Mirabellen-, Kirsch-, Aprikosen- und Nussbäume sowie sonstiges Gebüsch und Gestrüpp verstecken. Eine Enten- und Gänseschar

1 „Auf dem Lande“, aus: „Kopie eines Alptraums“, aus dem Rumänischen von Veronika Riedel, Verlag Spektrum, Volk und Welt, Berlin 1988, S. 52 ff.

watschelt die Gasse entlang: „Zu einem Land gehören auch Vögel."[2] Zartes Gezwitscher tönt aus den Bäumen. Die Glut der Mittagshitze breitet sich über das stille Land aus und lässt entlang des Flusses die Fata Morgana auferstehen, ein Niemandsland, ein Land ohne Menschen.

Auf der römischen Straßenkarte „Peutingeriana" aus dem dritten Jahrhundert taucht auf dem achten Segment der Name *Blandiana* auf der Straße zur Festung Apulum (Alba Iulia) und Napoca (Cluj-Napoca) auf. Er markiert eine römische Siedlung am Fernstraßensystem, über dass das Imperium Romanum, das Römische Reich, versorgt wurde.

Den Namen *Blandiana* haben die Einwohner des zwölf Kilometer langen Abschnitts am Fuße der Apuseni-Berge später für ihr Dorf verwendet. Im Tal Blandianas siedeln die Bewohner mehrerer Dörfer. Der Bach unten am Fuße des Friedhofshügels ist kalkig wie auch das Wasser in den Bergen, so die Dorfbewohner. Die Alten erzählen mir, dass sie auf dakischem Boden siedeln. In den Kirchenbüchern von Blaj wird die Ortschaft Maroschkarna (Maroschkurve) 1730 erstmals erwähnt. Damals zählte der Bischof von Blaj 48 Familien im Dorf und drei Priester, zwei von der Unierten Kirche und ein Orthodoxer. Die erste orthodoxe Holzkirche wurde 1768 errichtet. Nach der Totalzerstörung durch einen Brand wurde sie mit Steinmauern wiedererrichtet. Folgt man dem Bachlauf bis in die Mitte des Dorfes, liegt die Kirche auf einem „sinnlichen Hügel wie eine Frauenbrust der Erde"[3], umgeben von einem Friedhof mit zahlreichen Gräbern, „einander verbunden, durch lange Adern, durch die sich die Toten des Dorfes ergießen"[4].

---

2 „Auch Vögel gehören zu einem Land" , Gedicht aus: „EngelErnte", Amman-Verlag, Zürich 2001, S. 65.

3 „Der Friedhof", aus: „Versteigerung der Ideen", aus dem Rumänischen von Hans Bergel, Johannis-Reeg Verlag, Bamberg 2009, S. 129.

4 Ebenda.

Erst nach 1920 wurde der ursprüngliche Name Maroschkarna durch Blandiana ersetzt. Das rumänische Wort „blând“ hat hier nicht die Bedeutung des deutschen Wortes „sanft“ oder „mild“ wie es beim ersten Anblick scheinen könnte. Es führt leicht in die Irre.

Nach einer alten Mär waren in diesem Landstrich, in dem die Gebirge nachts verschwinden, ihre „Schneckenbäuche in aller Heimlichkeit“ und Stille von der Erde lösen, „bland“ türkische Reiter, welche die Goldbeute aus dem Apuseni-Gebirge, dem Gebirge des Sonnenuntergangs, zur Marosch brachten, um sie mit Flößen weiterzubefördern. Blandiana wurde der Ort im Maroschtal genannt. Er umfasst die Siedlungen Mereteu, Vurpăr, Acmariu und viele Einzelhöfe. Bei der Umbenennung 1920 wohnten 925 Einwohner im Ort: 919 Rumänen, 6 Juden.[5] Einer der angesehensten war der Notar Grecu. Er berichtet von siebentausend Hektar Land in jenem Tal, die bis 1918 einer Familie Glück gehörten. Die Gutsherrin flüchtete nach 1918 ins nächstgelegene größere Städtchen Vintz. Auch die „cârciumă“ (Kneipe) wurde verlassen. Die Dorfbewohner begannen, die Güter der Familie Glück in Besitz zu nehmen, und die Kneipe erhielt einen neuen Besitzer, der der Gemeinde Steuern entrichtet. Der Kneipier war George Deacu, der Großvater Ana Blandianas. Sie hat ihn nicht kennengelernt.

Die Zeit schreibt ihre Spuren auf das Land. Vom Leben und vom Tod belagert, bewegten sich Bewohner im Tal. Der Name des Dorfes gefiel ihnen nicht: Große Maroschkurve klang nicht schön. Sie versammeln sich und beraten. Hoffnung, Glaube, Humor und Liebe, das Leben und der Tod ziehen wechselseitig vorbei. Belagerungen fanden statt. „Widerstände wurden geboren“. Vom Tau bedeckt wird das Land „der zarten Blätter“ immer neu geboren, über die Jahrtausende hinweg. Ein reiches Land an Schätzen und doch Wie-

5 Eintragung in der Dorfmonografie von C. Martinovici şi N. Istrati, Cluj 1921: http://www.mnuai.ro/docs/apulum/articole/40.%20josan.pdf (Abruf am 08. 03. 2012)

ge des Unglücks, „ein reiches Land an Salz aus Tränen“, die seine „Flüsse tragen und mit Fischen füllen“. Selbst Weinen wird fruchtbar, sagt man dort.

Das vergessene Blandiana-Tal am Fuße der Apuseni ist bis heute nicht erschlossen. Ein verschlafenes Tal mit einem karstigen Gebirge ringsherum, kleine Dörfer, verlassene Höfe: Wenige kommen in diese Gegend. Je weiter man in das Tal vordringt, wo die Zahl der Hausnummern auf etwas mehr als 200 anwächst, desto dünner wird die Zahl der Siedler, und die Straße endet im Nirgendwo, doch irgendwann gelangt man in das Städtchen Slatna. Der orthodoxe Priester wohnt oberhalb der Kirche, er ist ein Zugewanderter, der hier nur seinen Dienst verrichtet.

Zum Haus mit der Nummer 178 gehört der kleine Friedhofgarten neben der orthodoxen Kirche. Die Dorfstraße wirkt verlassen, keine Menschen sind zu sehen. Der kleine Fluss bleibt immer im Blickwinkel. Neben der Holzkirche breiten sich in grau, grünem Gesträuch steinumrandete oder steinbedeckte Gräber aus. Von einem grünen Drahtzaun begrenzt, gähnt die Starre des Friedhofs vor sich hin. Zu Grabe getragene Leidenschaften, verwirklicht in sonnengebleichten Wachsblumen, prangten an den Steinkreuzen. Blaue Glockenblümchen, rosa Hortensien, weiße Margariten breiten sich auf den trockenen Gräberböden aus, wo der gelbe Wachs der Kerzen zerfließt und einen süßlichen Geruch in die Luft aufsteigen lässt. Am Kerzenaltar teilt sich die Opferkerze auf in „Pentru Vii“ – Pentru Morti“ (für die Lebenden – für die Toten).

Ana ist ein häufiger Name auf den Gräbern. Unter dem Nussbaum hinter der Kirche liegt das Grab der Deacus, den Großeltern Anas, neben zwei im Gras versteckten Steinen ohne Namen und Inschrift. Blindschleichen, Würmer auf Wanderschaft, die „Leichen umbetten“ unter der feuchten Erde „… geflügelt und auf Rädern, Würmer, denen man anwies einen neueren, zeitgemäßen Friedhof; Wogen von Würmern, alte Leichen, umgebettet in die windigere

Ewigkeit einer verweltlichten Hölle; Wogen von Würmern unterwegs in neue Gräber, Würmer auf der Reise zum jenseitigen Tag."[6]

Zwischen Akazien, Nuss- und Weidenbäumen, zwischen Pappeln und Grashalmen stecken überall Ana und ihre „Kindheit": – „Aus dem Spiegel blickt ein zarter Körper mich an, dessen Knochengerüst wie eine Klaviatur ein Herz verhüllt, das schwer auf diesem lastet, und im Spiegelbild versucht zu erscheinen. Ich habe es nie gesehen, aber ich weiß, es ist dort, wie im Blinde-Kuh-Spiel (wie bei der Akazie vor dem Fenster, die ihr Herz verbirgt mit Blättern). Ich fragte mich, woher es dies weiß ... und fürchtete mich vor dem Einschlafen? ..."[7] Wenn Ana über Glück nachdenkt, so sieht sie es in einer Schwebe zwischen „Früchten und Blättern, im staubigen Honigstrahl", dazwischen ein klarer Geruch von „schnapsigen Pflaumen" und ein Einschlafen an einem schönen „Septembertag" in einem Obstgarten.

„Im Dorf, in das ich zurückkehre, zermalmen Kuckucksuhren die Zeit, und große Stücke vom Schweigen liegen zerbrochen auf dem Weg im Staub. Die Zeiger drehen sich fleißig und zeigen stets auf etwas, das unsichtbar ist. Die Stunden haben längst geschlagen, die Zeiger laufen immerfort und ratlos. Ab und zu erscheint der Kuckuck. Er verkündet singend den Weltuntergang"[8], notiert Ana 1977. Ins Dorf der Großeltern kehrte sie immer wieder zurück, fast

6 „Würmer auf Wanderschaft", Übersetzung von Rolf-Frieder Marmont Vgl.: http.www.transylvania.tripod.com/gserp2.htm (Abruf am 08.03.2012).

7 „Kindheit": Aus dem Band: „Erste Person Plural", Ed. Pentru Literatura, Bukarest 1964 (Übersetzung der Herausgeberin) http:/wwwww.anablandiana.com/pop-up/poezii/persoana _intaia_plural/copilarie_ana_blandiana_poezie.htm (Abruf am 08. 03. 2012).

8 „Im Dorf": Gedicht aus dem Band „Somnul din somn" (Schlaf aus dem Schlaf), Ed. Cartea Românească, Bukarest 1977, wurde ins Deutsche übersetzt von Franz Hodjak, Hans Bergel, Friedel Marmont und anderen Dichtern (hier: Übersetzung der Herausgeberin).

jeden Sommer ihrer Kindheit verbrachte sie dort. Sie fand in der ländlichen Umgebung die Stille und Trägheit, die Melancholie, die Abgeschiedenheit des nur durch eine Längsstraße durchbrochenen Tals. Inspiration für ihre lyrischen Meditationen, Ausdrucksweise für Empfindungen, pure Natur. Sie wurde dort zur Pflanze, die mit der Erde verwurzelt ist, dort entbehrte sie das Gefühl des Davonlaufenden. Im „Schatten eines Grashalms“ sah sie das Gebrechliche, aber auch das Heldenhafte, sie fand das Losgelöste, wo ihr selbst „die Hundshitze“ eines Nachmittags pathetisch erschien. Dort, an jenem schönen Erdenplatz, dem kleinen Maroschdorf, wo die Zeit stehenblieb, fand sie ihre Inspiration.

Hier trifft Idylle Geschichte, Natur Vergangenheit und Gegenwart und sie verschmelzen miteinander. Hierhin möchte man wahrscheinlich immer wiederkehren, hierher, wo die Welt stehenblieb, wo nicht nur ein schöner Schein den nostalgischen Schimmer über das Dorf legt, sondern die Zeitlosigkeit sich ausbreitet. Die Höfe liegen versteckt hinter den langen Gartentoren, umgeben von Gärten mit Brunnen und Rebenhöfen. Abgelegen, vergessen und fast unbemerkt erstreckt sich dieses Dorf, in dem die Häuser keinem Architekturstil folgen, sondern nur zweckgebundene Unterkünfte darstellen. Von Wohlstand spricht hier niemand, wiewohl die Dorfbewohner heute gut von ihren Höfen, Feldern, Wäldern und Wiesen leben. Heute können sie wieder von ihrer Bewirtschaftung profitieren.

Entlang der Staubstraße ist keine Seele zu finden. Ein tiefblaues Ortsschild leuchtet von ferne und trägt die Europa-Sterne, dahinter verbirgt sich seit 2007 auch der Ortsname: BLANDIANA. Das kurz dahinter aufragende, große Schild an der Straße kündigt Investitionen an – aus der großen europäischen Familie und von der Regierung des Landes: Welche Art von Investitionen, ist jedoch nicht erkennbar.

Es ist ein heißer Sommertag im Juli 2011. Windlos breitete sich in der Mittagshitze eine angenehme Kühle neben dem Wildbachufer aus. Je mehr ich voranschreite, den Geruch des Wassers, der Erde, der Bäume, des Straßenstaubs und der gesamten Landschaft in mich aufsauge, fühle ich mich zu Hause. Ein Stück aus meiner Kindheit? Es ist die Marosch, der Fluss der Dorflandschaften meiner Kindheitsorte im Banat. Die Marosch aus Blandiana zieht in einem großen weiten Bogen durch die Wiesen und dreht sich nach Westen ins Banat und mündet im ungarischen Szegedin in die Theiß.

Weiden, Rotbuchen, Eichen und Ahornbäume säumen die Wiese. Sie biegen duldsam ihre Kronen über das breite, weite Tal und schützen den Boden vor dem Austrocknen. Rechts und links des Wildbachs dehnen sich die Höfe aus. Hängebrücken aus Holz und Hanfseilen verbinden die beiden Ufer. Angehalten am Fluss neben einer Brücke höre ich in der Luft ein lautes, klackerndes Geräusch. Es ist der Laut einer Dreschmaschine im Hinterhof, der die Mittagsruhe im verschlafenen Tal stört. Der Trecker vor dem grünen Haustor mit dem rot-gelb leuchtenden Postzeichen-Schild gehört der Postfrau. Lächelnd tritt eine blonde Frau, die Hände an der Hüfte, aus dem Gartentor und sieht den fremden Besucher neugierig an. Ich fragte nach dem Haus der Dichterin. Sie lächelte und meint, dass sie die Mutter noch kannte. Sie selbst komme ja nur noch selten ins Dorf. Aber beim Begräbnis ihrer Mutter auf dem kleinen orthodoxen Friedhof, da war hier viel los, meint Anischoara, die Postfrau.

Im großen Innenhof mit Schwenkbrunnen, Wagenrädern in den bunten Blumenbeeten zwischen dem Steingarten und in einer schattigen Laube, verursacht eine alte Dreschmaschine im Hinterhof ein lautes Rattern. Dazwischen eintöniges Gemurmel von Männerstimmen. Auf einer alten Holzbank steht diese „masina de treierat grâu“, eine handgetriebene Dreschmaschine. Über dem Scheuneneingang hängt das alte Pferdefuhrwerk, ein staubiges Spinnrad baumelte von der Decke. Zwei Männer in nacktem Oberkörper sehen zu, wie die Maschine die Körner durch die Luft bläst und sie in den Holzfuttertrog fallen lässt. Es ist, als sei hier die Zeit stehengeblieben. „Eigentlich dürfte es diese Maschine gar nicht mehr geben", sagt einer der Männer. „aber da sie noch immer gut funktioniert, warum sollten wir sie nicht benutzen?!" Wundersam ist es, dieses Vorkriegswerk in Funktion zu sehen. Hier in der Lunca (Au), meint einer der Männer, gelte: Was sich bewährt, bleibt in Funktion. Die Dreschmaschine wird im Dorf rundum verliehen, damit alle ihren Weizen dreschen, um ihn dann zur Mühle zu bringen.

Der „Deac" oder „Deacu" – Inhaber der Dorfkneipe – war ein Anhänger der Vereinigung der rumänischen Fürstentümer. Er starb 1935 und sein Sohn, der in der Armee im Zweiten Weltkrieg diente, fiel 1945. Damit erlosch die männliche Seite der Familie. Die Tochter (Otilia – Ana Blandianas Mutter) zog es ins Banat, wo sie jenen Coman heiratet, den Dorfbewohner aus Murani – einer Siedlung unweit des Banater Maroschufers. „Den Coman" nahm sie, sagt Veronica, die Dorfälteste, „und ging mit ihm weg, aber sie kam immer wieder zurück. Ihre letzte Ruhestätte fand sie vor paar Jahren wieder bei uns."

Glück ist verbunden mit Naturereignissen und Landschaften – wie im Blandianatal. Ihre Kindheitstage verbrachten Ana und ihre jüngere Schwester im Tal mit der Mutter. Der Vater saß seit 1956 im Gefängnis. Die Mutter suchte mit beiden Töchtern Zuflucht in ihrem Geburtsdorf. Die Kindheitstage der Mädchen sind festgehalten in den schwarzweißen Fotografien, die im Flur des alten Bauernhauses hängen, wo Viorica, eine der ältesten Dorfbewohnerinnen, wohnt.

Viorica sitzt in der „guten Bauernstube", einem Museumsraum gleich, neben dem Kachelofen, auf einem mit Polstern und Decken geschmückten Bett. Einmachgläser stehen oben auf der Glasvitrine Reih an Reih mit den Kristallgläsern für „bessere Anlässe" – sie gehören zum größten Schatz des Bauernhaushalts, wenn bei Familienfeiern die bunten Kristalle klirren und die Wangen sich nähern, der Alltag weicht und Freude geradezu zelebriert wird. Viorica bewirtschaftet ihr Bauernhaus, sie lebt allein. In ihrer Sommerküche setzen wir uns auf ihr schmales Bauernbett, um im Familienfotoalbum zu blättern. Ich sehe Ana langbeinig, immer lächelnd, im Hof zwischen Erwachsenen stehen, Ana gedankenverloren, mit Grashalmen spielend auf der Wiese, Ana zwischen den Eltern stehend, Ana mit geflochtenen Zöpfen auf einer Treppe sitzend: „Alles ist ich selbst. / Gebt mir ein Blatt, das nicht mir ähnelt. / Helft mir ein Tier zu finden, / das nicht mit meiner Stimme klagt. / Mein Schritt zerteilt die Erde, ich sehe / Tote mit meinem Antlitz sich umarmen / Und andere Tote zeugen. / Warum so viele Bindungen an diese Welt, / Eltern so viele und die erzwungenen Erben / und all dies unsinnige Ähnlichsein? / Mich hetzt das All mit tausend eigenen Gesichtern / Um mich zu schützen, muss ich immerzu mich schlagen.“[9] – dichtete Ana in ihrem ersten Gedichtband nach der Wende: „Arhitectura valurilor“ im Verlag Cartea Românească, Bukarest, von dem die Zeitschrift „Horizont“ berichtete, dass keiner der Poeten ihrer Generation so konsequent und durchgängig die Idee der moralischen Verantwortung verfolgt.[10]

Im Umland liegt das Sagen- und Legendenland Bihor, das an die waldübersäten Apuseni-Berge grenzt, zwischen tiefen Tälern und Schluchten, wo das Wasser kalkig ist wie das Gestein in den Bergen, wo die Flüsse und Wasserfälle Versteck spielen mit der Erde und dem Berg. Sie schlängeln kapriolenhaft durch die Landschaft und hinterlassen den Reiz des Ungewissen. Dort liegen unter der Erde zahlreiche Flussläufe, die das Erdinnere durchqueren und wunderschöne Höhlen bilden. Im Norden wiederum grenzt auch das Motzenland an dieses Tal. Ein Land mit engen, wilden Tälern. Die Mot-

9 „Bindungen“, aus: „Uhren auf Schienen“, Übersetzung von Franz Hodjak, Verlag Ralf Liebe, Weilerswist 2010, S. 48.

10 Vgl. http://www.anablandiana.com/poezii/poezii_arhitextura_valurilor_ana_blandiana.htm (Abruf am 08. 03. 2012).

zen, Bergbewohner, siedelten auf Bergkämmen und Gipfeln, die von den Römern nicht erobert, aber später dann magyarisiert wurden im ungarischen Teil des Habsburgerreichs. Den Habsburgern gelang es, dieses Bergvolk zu Leibeigenen zu machen. Der Freiheitswille der nicht an Leibeigenschaft gewöhnten Bauern blieb jedoch erhalten. Hinter dem großen Maroschbogen liegen die Siedlungen, wo damals (1784) die Revolte leibeigener Bauern begann.

Ihre Anführer waren Horia, Closchka und Crischan, deren Mut und Schicksal Ana tief beeindruckt haben. Ihre Verse „Im Feuer: Brennt die Dörfer nieder, schreit Crischan / brennt die Dörfer nieder, die sich nicht erheben … Lasst die Kirchen in lodernder Flamme erstrahlen und singet stattdessen im Fluch … Nur Horia schwieg und sah in die Glut: Vergeblich, vergeblich, es kann nicht alles vergeblich gewesen sein …“[11] klingen wie ein Aufschrei. Horia und Closchka wurden öffentlich hingerichtet, Crischan begang Selbstmord im Gefängnis. Die drei wurden zu Märtyrern hochstilisiert. Die Bauern hatten ihre Märtyrer und die rumänischen Nationaldichter ihre Symbolfiguren. Horia, Closchka und Crischan wurden aber auch von den Kommunisten als Identifikationsfiguren, als Vorbilder für Nationalismus und Vaterlandsliebe dargestellt und missbraucht. Im Kollektivgedächtnis blieben sie erhalten. Ihre Heimatdörfer in der Nähe von Blandiana wurden nach ihnen benannt. Ana hat sie durchstreift. Nach Horia, Closchka und Crischan erhob sich 1848 auch ein Vertreter der Adligen: Avram Iancu, der „König der Berge“. Auch nach ihm wurde ein Dorf benannt. Alle wurden sie zu Nationalhelden erhoben.

Was ich erzählt habe, habe ich selber erlebt. Eine Reise nach Blandiana ist wie ein „Augenblick der Vergangenheit“. Um das Gefühl zu bestätigen, dass es Blandiana gibt, musste ich ergründen, wo die ursprünglichen Formen liegen und wie lange es wohl in der

11 Ebenda. „Im Feuer“ (In jar), Gedicht aus dem Band „Wellenarchitektur“ (Arhitectura valurilor) im Verlag Cartea Românească von 1990 (Übersetzung der Herausgeberin).

vergangenen Zeit gebraucht hat, damit sich „Sinn und Zweck einer Welt" wandeln? Ana Blandianas Verse, ihre Essays und Prosa, die jene Momente eingefangen haben, liegen auf der „Zeitbank". Diese ist unverändert geblieben, die „Zeitbank" sammelt weiterhin Unmengen von Sekunden, Tagen und Jahren. Jeder Augenblick wird gespeichert – mit Blandiana aus Blandiana.

Katharina Kilzer
In Jahrmarkt, Banat geboren. Studierte Germanistik und Literaturwissenschaften an der „Alexandru-Ioan-Cuza-Universität" in Iaşi, Mitarbeiterin der Frankfurter Allgemeine Zeitung. Lebt in Wiesbaden.

Nachweise

Die Zitate sind folgenden Erzähl- und Gedichtbänden von Ana Blandiana entnommen:

„Kopie eines Alptraums“, Aus dem Rumänischen von Veronika Riedel, Verlag Volk und Welt, Berlin 1988.

„EngelErnte“, Gedichte. Rumänisch und Deutsch. Auswahl und Übersetzung von Franz Hodjak, Amman-Verlag, Zürich 1994.

„Die Versteigerung der Ideen“, Gedichte. Auswahl, Übersetzung aus dem Rumänischen und Nachwort von Hans Bergel, Johannis Reeg Verlag, Bamberg 2009.

„Uhren auf Schienen“, Gedichte. Auswahl und Nachdichtung aus dem Rumänischen von Franz Hodjak, Verlag Ralf Liebe, Weilerswist 2010.

Zitate stammen von folgenden Webseiten:
http://www.anablandiana.com/poezii
http://transsylvania.tripod.com
(Abruf am 08. 03. 2012)

Anmerkungen

Die Beiträge „Menschenrechte – zwischen Religion und Politik"; „Gerechtigkeit – Die Justiz als eine Form des Gedenkens" und „Fragmente über Freiheit" sind in der „Frankfurter Rundschau" vom 14. August, 13. November und 31. Dezember 1993 erschienen. Die Übersetzung aus dem Rumänischen ist von Veronika Riedel.

Der Essay „Was tun mit der Freiheit in Armut" ist in der „Frankfurter Allgemeine Zeitung" vom 23. September 1994 erschienen. Übertragung aus dem Rumänischen von Katharina Kilzer.

Der Artikel „Der Republik Moldau droht eine ‚totalitäre Demokratie'" ist in der „Frankfurter Allgemeine Zeitung" vom 16. März 2002 erschienen. Aus dem Rumänischen von Katharina Kilzer.

Der Beitrag „Kann man Erinnerung lernen?" ist erschienen in „Aus Politik und Zeitgeschichte" (APuZ 27 vom 16. Mai 2006) bei der Bundeszentrale für politische Bildung. Aus dem Französischen von Doris Tempfer-Naar.

„Menschen ohne Gedächtnis" ist in der „Frankfurter Allgemeine Sonntagszeitung" vom 21. Juni 2009 erschienen. Aus dem Rumänischen übertragen von Katharina Kilzer.

„Weltwirtschaftskrise als Vertrauenskrise" ist in „Die Presse", Wien, vom 30. September 2010 erschienen. Aus dem Rumänischen von Katharina Kilzer.

Der Essay „Von der Zensur als Form der Freiheit zur Freiheit als Form der Zensur" ist der Text eines Vortrags bei der Eröffnung des Symposiums „Die Pressezensur – früher und heute" an der Babeş-

Bolyai-Universität, Klausenburg/Cluj-Napoca, im Herbst 2011. Aus dem Rumänischen übertragen von Maria Herlo.

„Das Wort ‚Krise' auf Chinesisch", „Die Theaterhelden Camil Petrescus", „An einer Bushaltestelle" wurden von Maria Herlo aus dem Rumänischen übertragen.

Die Texte „Fragmente über mich selbst", „Die unsichtbare Freiheit", „In einer spanischen Herberge – Über Bücher und Geheimdienste", „Solidar, solitär", „Eis-Architektur", „Ein spitzer Winkel" wurden von Katharina Kilzer aus dem Rumänischen übertragen.

FSC
www.fsc.org
MIX
Papier | Fördert gute Waldnutzung
FSC® C083411

Zeitfracht Medien GmbH
Ferdinand-Jühlke-Straße 7
99095 Erfurt, Deutschland
produktsicherheit@kolibri360.de

Druck:
CPI Druckdienstleistungen GmbH
im Auftrag der
Zeitfracht Medien GmbH
Ein Unternehmen der Zeitfracht - Gruppe
Ferdinand-Jühlke-Str. 7
99095 Erfurt